Ludwig Karl James Aegidi

Das Erbfolgerrecht Herzog Friedrich's VIII. auf die Herzogthümer Schleswig-Holstein

Ludwig Karl James Aegidi

Das Erbfolgerrecht Herzog Friedrich's VIII. auf die Herzogthümer Schleswig-Holstein

ISBN/EAN: 9783743321601

Hergestellt in Europa, USA, Kanada, Australien, Japan

Cover: Foto ©ninafisch / pixelio.de

Manufactured and distributed by brebook publishing software (www.brebook.com)

Ludwig Karl James Aegidi

Das Erbfolgerrecht Herzog Friedrich's VIII. auf die Herzogthümer Schleswig-Holstein

Das Interesse, welches die Dänische Regierung in den letzten Jahrzehnten daran zu haben glaubte, das alte Thronfolgerecht der Herzogthümer zu verdunkeln, hat dazu geführt, daß in Staats- und Privatschriften gesucht worden ist, die einfachen Sätze dieses Rechtes und geschichtlich feststehende Thatsachen zu verwirren.

Die Verhältnisse brachten es mit sich, daß vor Allem die Angriffe sich gegen das Erbfolgerecht des nunmehr erstgeborenen Zweiges des Schleswig-Holsteinischen Regentenhauses richteten, — ein Recht, welches früher wiederholt von der Dänischen Regierung, in den letzten zwei Jahrzehnten von den nach drei verschiedenen Wahlgesetzen berufenen Ständeversammlungen und von der gesammten Bevölkerung der Herzogthümer, in neuester Zeit von der Mehrzahl der deutschen Regierungen, wie von den wissenschaftlichen Auctoritäten Deutschlands anerkannt worden ist.

Bevor das deutsche Schwert und ein ruhmwürdiger Friede über die Ansprüche, welche von Dänischer Seite erhoben worden sind, entschieden, hat ein lebhafter wissenschaftlicher Streit während nunmehr dreißig Jahren alle Thatsachen der Schleswig-Holsteinischen Geschichte, welche mit der Staatserbfolge in irgend einer Beziehung stehen, alle Rechtsnormen, deren Anwendung irgend in Frage kommen kann, erschöpfend erörtert; in einer Reihe wissenschaftlicher Schriften ist diese Frage zum besonderen Gegenstande einer auf alle Einzelheiten eingehenden Darstellung gemacht worden. Eine nochmalige ausführliche und jeden Punkt bis zur Erschöpfung behandelnde Darlegung scheint daher um so weniger am Orte, als die deutsche Wissenschaft über alle wesentlichen Punkte einig ist und als aus dem Schooße der deutschen Bundesversammlung selbst ein klares und umfassendes Votum hervorgegangen ist, auf welches hier ausdrücklich Bezug genommen wird.

Es wird daher nur die Aufgabe sein, in zusammenfassender Weise zu erörtern:

I. die positive Begründung des Erbfolgerechts des Herzogs Friedrich auf Schleswig-Holstein;
II. die Anerkennung, welche dieses Erbfolgerecht in dem Oldenburgischen Fürstenhause selbst und bei den Ständen des Landes gefunden hat;
III. und IV. diejenigen Einwendungen, welche dem Erbfolgerecht des Herzogs Friedrich theils in Betreff des Ganzen, theils in Betreff einzelner Theile Schleswig-Holsteins entgegengesetzt worden sind.

Diese Einwendungen wurzelten bisher in den von Dänischer Seite erhobenen Ansprüchen. Erst jetzt tritt die Behauptung offen hervor, daß der Kaiserlich-Russischen Linie in den Herzogthümern Schleswig und Holstein ein Vorzugsrecht vor der jüngeren Königlichen gebühre. Dieselbe ist bisher nirgends eingehend und über die Andeutungen einzelner Privatschriftsteller hinaus begründet worden. Denn von der Kaiserlich-Russischen Linie selbst sind solche Ansprüche bisher nicht nur nicht erhoben, sondern noch im Warschauer Protokolle vom 5. Juni 1851 als nicht vorhanden angenommen. Diese Lage der Sache gestattete nur, die in der Literatur bisher aufgetretenen Einwendungen in Kürze zu widerlegen.

Das Erbfolgerecht eines Landes ist das Ergebniß der Landesgeschichte. Und so liegt das Erbfolgerecht der Herzogthümer in geschichtlichen und bekannten Thatsachen vor. Nicht eine einzige für die Beurtheilung des Erbfolgerechts erhebliche Thatsache hat bisher bei schärfster Prüfung einem Zweifel unterlegen. Nicht die Thatsachen, sondern das Recht war bestritten.

Der größte Theil des urkundlichen Materials ist von den Gegnern der Herzogthümer veröffentlicht worden und liegt gedruckt vor. Die historische Kritik und die Betheiligten haben den im Folgenden angeführten Urkunden einen Zweifel bisher nicht entgegengesetzt.

I. Rechtsgrund des Erbfolgerechts.

1. Die Geltung des gemeinen Lehnrechtes. [1])

Die für die Erbfolge der Herzogthümer Schleswig und Holstein zur Anwendung kommenden Normen sind, soweit nicht specielle Verträge und statutarische Bestimmungen eintreten, die des gemeinen Lehnrechtes, welches der Staatserbfolge in allen früher lehnbar gewesenen deutschen Ländern zu Grunde liegt.

Für das Herzogthum Holstein, wie für alle andern Reichslehen war das gemeine Lehnrecht schon kraft der bekannten Bestimmung der Reichshofraths-Ordnung Titel V, § 1 Entscheidungsnorm. Für das Herzogthum Schleswig ist dasselbe schon im Anfange des 15. Jahrhunderts zur Anwendung gebracht. Die Gesetze beider Länder, z. B. die revidirte Landgerichts-Ordnung (Theil 3, Titel 26, § 9), bezeichnen dasselbe als gültige Rechtsquelle.

In den für Schleswig sowohl als Holstein geltenden drei Primogenitur-Statuten der verschiedenen Linien des Oldenburgischen Hauses von 1650, 1633 und 1608 wird auf das Gemeine Lehnrecht verwiesen.

Beide Lehnherren haben das Gemeine Recht als das für das Holsteinische und Schleswigsche Lehn zur Anwendung kommende Recht bezeichnet. So befiehlt z. B. Kaiser Rudolf II. in einem an die Holsteinische Ritter- und Landschaft erlassenen Mandate vom 30. Juli 1599 [2]), den Herzog Johann den Jüngeren „in dero habenden Gerechtigkeit, deren sämbtlichen Belehnung und derselben Nutzung und Nießung in Kraft von Uns obbesagter erlangten Investitur und vermög gemeiner Rechten, auch bei dem Fürstlichen Hause Holstein, dießfalß hergebrachter Gewohnheit" — nicht zu molestiren.

Ebenso verleiht Christian IV. als König von Dänemark sich selbst und seinen beiden Brüdern seinen Antheil am Herzogthum Schleswig und die gesammte Hand daran am 4. Juni 1589³) „als sich solches nach Aardt und Gebrauch gemeiner Lehnrechte und sonsten, auch furnemlich dem zu Obensee Anno Neun vnd Siebenzig, den acht und zwaintzigsten Martij, aufgerichtetem Vertrage und vörigen Lehnbriefen zufolge, eignet und gebueret." Die sonst in den Lehnbriefen vorkommende Formel, wonach das Herzogthum Schleswig „nach Lehnrechts Art und Gebrauch" verliehen wird, z. B. in dem gleichfalls am 4. Juni 1589⁴) ausgefertigten Lehnbriefe des Herzogs Philipp hat keine andere Bedeutung, als gleichfalls auf das gemeine Lehnrecht hinzuweisen.

Als König Christian V. die Souverainität Schleswigs nicht mehr anerkennen wollte und am 19. December 1677 als Lehnherr den Gottorfischen Herzog Christian Albrecht zur Lehnsempfängniß des Herzogthums unter Androhung des Verlustes des Lehns und Vornahme desjenigen, „was die Lehnrechten in solchen Fällen mit sich bringen", aufforderte, berief sich Herzog Christian Albrecht in seinem Antwortschreiben vom 16. Januar 1677 darauf, daß „die gemeine Lehenrechten, auff welche ebenmäßig die alten Unionen und Erbverträge, wann etwan Irrungen sowohl in Lehens- als anderen Sachen entstehen sollten, sich zu gründen pflegen", auswiesen, daß der Verlust des Lehens nur von zuständigen Richtern ausgesprochen werden könne. Auch in den folgenden Schreiben in diesem Streite war man stets darüber einverstanden, daß das Gemeine Lehnrecht, welches bekanntlich sehr häufig schlechthin „die Lehnrechte" genannt wird, die Entscheidungsnorm für den Fall, daß Schleswig Lehen sei, abgebe. ⁵)

Dasselbe könnte in anderen Streitigkeiten über Schleswigsche Lehnstücke, z. B. in dem Streite über das Gut Gottesgabe auf Arröe vom Jahre 1683, nachgewiesen werden.

Nur in Einem Falle ist in Betreff Schleswigs darüber gestritten, ob die Erbfolge in Land und Leute durch das Gemeine Lehnrecht bestimmt werde. Es war dies bei der Beerbung des Herzogs Johann des Aelteren der Fall, welcher im Jahre 1580 ohne Leibserben starb. Sein Bruder, Herzog Adolf von Gottorf, behauptete gegenüber den Neffen, dem König Friedrich II. und Herzog Johann dem Jüngern, daß der in Schleswig belegne feudale Antheil des Verstorbenen nach Schleswigschem Landrecht nach Grabeshöhe an ihn allein vererben müsse; er gab in Betreff des in Holstein belegenen feudalen Antheils zu, daß derselbe nach den „gemeinen Kaiserlichen Rechten" unter Anwendung des Repräsentationsrechtes der Geschwisterkinder zu theilen sei. Der König und Johann der Jüngere behaupteten dagegen auch für das Schleswigsche Lehen die Geltung der gemeinen Lehnrechte, weil es kein Dänisches Lehnrecht gebe, das Landrecht auf Lehen unanwendbar sei und das Schleswigsche Lehen wegen der Vereinigung mit dem Holsteinischen diesem gleich behandelt werden müsse. ⁶) In der That wurde unter Vermittlung von Sachsen, Hessen und Meclenburg nicht bloß die Holsteinische, sondern auch die Schleswigsche Verlassenschaft Herzogs Johann des Aelteren, soweit sie aus Lehen bestand, durch den Flensburger Abschied vom 12. August 1581 nach Maßgabe des gemeinen Lehnrechtes getheilt:

Seitdem ist nie wieder die Anwendung des gemeinen Lehnrechtes auf Schleswig in Zweifel gezogen worden.

Noch kurz bevor Holstein souverain wurde, bezeichneten die zwischen dem Könige Christian VII. und auf der anderen Seite beziehungsweise mit der Kaiserin Katharina als Vormünderin und dem Großfürsten Paul geschlossenen Tractate von 1767 Artikel 28 und 1773 Artikel 12 neben den Familienverträgen die „Lehnrechte" als Rechtsquelle für die Successionsordnung.

2. Successionsrecht.

Der Herzog Friedrich ist Nachkomme des ersten Erwerbers der Herzogthümer Schleswig-Holstein, des Königs Christian I., in agnatischer, durch rechtmäßige Ehen vermittelter Abstammung und es steht demselben daher ein Successionsrecht auf die Herzogthümer Schleswig-Holstein zu.

3. Abstammung vom ersten Erwerber.

In allen Staaten, welche früher Lehen waren, gilt der Grundsatz des gemeinen Lehnrechtes, daß die Nachkommenschaft des ersten Erwerbers zur Succession berufen ist. Das Erbfolgerecht ist ein aus dem Vertrage und der Vorsehung der Vorfahren, nicht aber aus dem Willen des Letztverstorbenen abgeleitetes Recht; dasselbe beruht auf dem Rechte des Geblütes. Diese Grundsätze sind für die Herzogthümer vielfach anerkannt worden.[7])

Erster Erwerber der Herzogthümer Schleswig und Holstein ist Christian I., geborener Graf von Oldenburg. Derselbe erwarb im Jahre 1460 diese Lande durch die Wahl der Schleswig-Holsteinischen Stände, welcher später die Belehnung von Seiten Dänemarks und des deutschen Reiches nachfolgte. Der erste Kaiserliche Lehnbrief vom 14. Februar 1474[8]) begreift alle heute zu dem Herzogthum Holstein gehörigen Lande und ist auf Christian I. und dessen rechtmäßige Lehnfolger (in hujusmodi Ducatu legitimi successores) gerichtet. Es ist damit ausgesprochen, daß die vom ersten Erwerber Abstammenden auf Grund dieser Erbenqualität und in der gesetzmäßigen Reihenfolge zur Lehnsuccession berufen sein sollten.

4. Agnatische Abstammung.

In den Herzogthümern Schleswig-Holstein herrscht der Mannsstamm. Sowohl das Herzogthum Schleswig als das Herzogthum Holstein waren bis zu dem Zeitpunkte, in welchem sie, ersteres 1658, letzteres 1806, souverain wurden, Mannlehn.[9])

Es ergiebt sich daraus, daß in ihnen auch heute noch agnatische Erbfolge stattfindet.

Nur Männer, welche von agnatischen Mitgliedern des Regentenhauses und aus rechtmäßigen Ehen abstammen, können in den Herzogthümern zur Succession gelangen.

Als rechtmäßig und ebenbürtig ist nach der reichsgerichtlich anerkannten Observanz des Schleswig-Holsteinischen Fürstenhauses jede Ehe anzusehen, welche zwischen einem Mitgliede desselben und einer Dame hohen oder niederen Adels, insbesondere einer Gräfin geschlossen wird.[10])

5. Vorzug in der Successionsordnung.

Der Herzog Friedrich ist nach Verzicht seines Durchlauchtigsten Vaters als nächster Agnat des Königs Friedrich VII., letztverstorbenen Herzogs von Schleswig-Holstein, vor allen übrigen Nachkommen Christian I. in den Herzogthümern Schleswig und Holstein zunächst und ausschließlich zur Erbfolge berufen.

6. Verzicht des Vaters.

Die Verzichtsurkunden des Herzogs Christian August von Schleswig-Holstein-Sonderburg-Augustenburg vom 16. November und 25. December 1863 liegen der Deutschen Bundesversammlung im Originale vor. Gegenstand derselben ist alles Erbfolgerecht, welches der Herzog Christian August an den Herzogthümern Schleswig und Holstein, sowie den zu denselben gehörigen Landen und überhaupt als ein Mitglied des Oldenburgischen Gesammthauses besaß.

7. Vorzug der Linie.

Der Herzog Friedrich ist nach dem Rechte des Vorzuges der Linie und der Erstgeburt nächster Agnat Friedrich's VII.

Der Vorzug der Linie gilt in den Herzogthümern sowohl kraft gemeinen Rechts, als auch kraft der zwischen der Regierung und den Schleswig-Holsteinischen Ständen im Jahre 1616 getroffenen Vereinbarung. Das Recht der Erstgeburt gilt in den Herzogthümern sowohl kraft Hausgesetzes als auch kraft jener Vereinbarung mit den Ständen. Das Erbfolgerecht der Herzogthümer ist durch dieselbe Theil der Landesverfassung und der Landesrechte geworden.

8. Vorzug der Linie kraft gemeinen Rechtes. [1])

Die gemeinen Lehnrechte berufen nach der jetzt kaum noch bestrittenen Ansicht der Rechtslehrer zunächst alle diejenigen Mitglieder des an sich successionsberechtigten Hauses, welche den nächsten Stammvater mit dem letztverstorbenen Fürsten gemeinschaftlich haben, zur Succession und schließen diejenigen aus, welche von einem entfernteren gemeinschaftlichen Stammvater abstammen.

Hiernach ist die jüngere Königliche Linie, welche, wie die ältere, von Christian III. abstammt, zunächst zur Succession in die Herzogthümer berufen. Die Gottorfische Linie, welche von Friedrich I., dem Vater Christian's III., abstammt, ist, als die entferntere, so lange von der Succession ausgeschlossen, als Nachkommen Christian's III. existiren.

Der Vorzug der Linie ist wiederholt für Schleswig-Holstein anerkannt worden. Es geschah dies durch den Reichshofrath für Holstein bei Bestätigung der Primogeniturstatute der Gottorfischen und älteren Königlichen Linie.

Wenn in einem Hause nicht der Vorzug der näheren Linie entscheidet, so kann in einem einzelnen Zweige des Hauses die Primogenitur nur eingeführt werden entweder unter Vorbehalt des Rechtes der in diesem Zweige nicht mitbegriffenen Mitglieder des Hauses oder mit deren ausdrücklich erklärter Zustimmung. Denn es ist möglich, daß bei einem in der Primogeniturlinie sich ereignenden Todesfalle nicht ein Seitenverwandter aus der Primogeniturlinie, sondern aus einer höheren

Seitenlinie der dem letztverstorbenen Grabesnächste ist. Es ist aber durch den deutschen Kaiser das Gottorfische Primogeniturstatut ohne diesen Vorbehalt bestätigt.

Bei Vorlegung des Primogeniturstatuts der älteren Königlichen Linie wollte der Reichshofrath einen solchen Vorbehalt der Bestätigung einfügen. Auf Remonstration erfolgte indeß die einfache Bestätigung.

Ebenso ist die Bestätigung des Gottorfischen Statuts für Schleswig durch den König Christian IV. unter dem 13. Juli 1621 ohne Vorbehalt erfolgt; auch die Erklärung des Gottorfischen Primogeniturstatuts selbst, daß diese Verordnung „denen gemeinen beschriebenen Lehnrechten allerdings gemäß sei", läßt sich nur unter Voraussetzung des Vorzugs der Linie verstehen.

Dieser Vorzug der Linie ist von der älteren Königlichen und der Gottorfischen Linie vertragsmäßig im Peräquationsreceß vom 5. Mai 1663 [12]) anerkannt, indem durch denselben an den Besitzungen der jüngeren Königlichen Linie jener das nähere, der Gottorfischen Linie das entferntere Erbrecht vorbehalten wird. Es heißt in dem Receß: — „Dabey dann Ihr Königliche Majestät Dero zustehendes Lehens und Erbgerechtigkeit an der abgetheilten Herrn Hertzoge Foudal-Güter Deroselben, wie auch Seiner Fürstlichen Durchlauchtigkeit Dero in eventum beykommendes Erbrecht sich hinc inde feyerlichst reserviren und vorbehalten haben."

Mehrere ähnliche Anerkennungen des Grundsatzes des Linienvorzuges werden noch in der directen Beziehung des Verhältnisses der jüngeren zur älteren Königlichen Linie im Verfolg anzuführen sein.

9. Erstgeburtsrecht nach Hausgesetz.

Nach Aussterben der älteren ist daher zunächst die jüngere Königliche Linie zur Succession in den Herzogthümern berufen. Innerhalb dieser Linie, welche die allein noch blühenden Speciallinien Augustenburg und (Beck) Glücksburg umfaßt, ist das Erstgeburtsrecht eingeführt, nach welchem dem Erstgeborenen der unbedingte Vorzug vor allen übrigen Mitgliedern derselben zusteht.

Die Einführung des Erstgeburtsrechtes ist geschehen durch das von den Söhnen Herzogs Alexander von Schleswig-Holstein-Sonderburg am 17. December 1633 errichtete Erbstatut. [13]) Die Herzoge Ernst Günther und August Philipp, deren Siegel der Urkunde anhängen, sind ersterer Stifter der Augustenburgischen, letzterer der Becker oder jetzigen Glücksburgischen Linie.

Die entscheidenden Worte dieser Urkunde lauten:

„daß in diesem Ihro F. F. G. G. Hause undt bei dehro Fürstlichen posterität, nun hinfüro zue ewigen Zeiten das Jus primogeniturae haereditarium nach außweisung der gemeinen rechte, undt dehro bei Fürstlichen Familiis hergebrachter gewonheit, ohnwidersprechlich observiret undt darnach die künfftigen Successions-Fälle allerdings regulirt werden sollen, wie dan Ihro F. F. G. G. allerseits undt nach Ihnen dero Eheliche Mänliche Leibs Lehens-Erben und Nachkommen, Ihre vom heiligen Römischen reich undt der löblichen Chron Dennemarken herrührende Lehn allerwege In gesambt undt zügleich sollen empfangen undt deßfals immer zu In ohn zertrenter sambt belehnung sitzen bleiben."

Die unmittelbare und identificirende Verknüpfung der Einführung der Primogenitur mit der Anordnung, die eine Anerkennung des Erbrechts an ganz Schleswig und Holstein enthaltende, gesammte Hand an den vom deutschen Reiche und Dänemark herrührenden Lehen insgesammt und zugleich zu empfangen, zeigt, daß die Erstgeburtserbfolge nicht nur für den damaligen Besitz der Brüder, Sonderburg, sondern für ganz Schleswig und Holstein, welche in jenen Belehnungen begriffen waren, eingeführt werden sollte, wie denn dieses der „bei fürstlichen Familien hergebrachten Gewohnheit vollkommen entspricht."

Der sechste Punkt des Erbstatuts reservirt den Brüdern die Rechte über „andere Erbfälle". Der Zusammenhang mit dem voraufgehenden fünften Punkte ergiebt, daß diese Bestimmung in keiner Weise eine Beschränkung der oben angeführten Einführung der Primogenitur für die vom deutschen Reiche und Dänemark herrührenden Lehen enthält, sondern sich auf solche Erbfälle bezieht, welche diese Lehen nicht zum Gegenstande hatten. [14])

Praktisch ist dieser Punkt dadurch erledigt, daß der Herzog Carl zu Schleswig-Holstein-Sonderburg-Glücksburg, Chef des Glücksburgischen Hauses, in seiner der deutschen Bundesversammlung im Originale vorliegenden Rechtsverwahrung vom 7. Juli 1864 ausdrücklich den Vorzug der Erstgeburt in der das Augustenburgische und Glücksburgische Haus umfassenden Sonderburgischen Linie anerkannt hat.

10. Lineales Erstgeburtsrecht nach Landesrecht. [15])

In den Landesprivilegien von 1460 hatte Christian I. bei seiner Wahl den Landständen das innerhalb des Lehnrechts sich bewegende Recht zugesichert, im jedesmaligen Thronerledigungsfalle den Fürsten zu wählen. Das Successionsrecht seiner sämmtlichen Nachkommen stand fest, nicht minder die durch das Lehnrecht bestimmte Successionsordnung, nur durfte unter mehreren gleich nahen Successionsberechtigten die Wahl für Einen Fürsten entscheiden.

Die Stände machten nach dem Tode Christian's I. von ihrem Wahlrechte keinen Gebrauch, sondern nahmen beide Söhne Christian's I. zu Herzogen an. Nach dem Tode des jüngeren von ihnen, des Königs und Herzogs Friedrich I., huldigten sie drei Söhnen desselben, dem Herzog und späteren König Christian III., Johann dem Aelteren und Adolf. Der jüngste Bruder Friedrich verzichtete, jedoch unter Vorbehalt seines Erbrechtes für den Fall, daß von seinen Brüdern keine männlichen Lehnerben mehr vorhanden sein sollten. Die drei anderen genannten Brüder theilten die Herzogthümer im Jahre 1544 in der Weise, daß die Regierung gegenüber den Besitzungen und Rechten der zur Landstandschaft berufenen Stände in einer Einheit, mithin als eine gemeinsame erhalten werden sollte. Johann der Aeltere starb 1580 ohne Kinder. Christian III. ist der Stammvater der Königlichen und Adolf der Stammvater der Herzoglichen oder Gottorfischen Linie geworden.

Christian III. starb 1559 und hinterließ drei Söhne, Friedrich II., Magnus und Johann den Jüngeren. Magnus trat seine Rechte an Friedrich II. ab. Die Stände erklärten im Jahre 1564, als die Huldigung von ihnen für Friedrich II. und Johann den Jüngeren verlangt wurde, welche die dem reinen Erbrecht unterliegenden Aemter und Landschaften schon unter sich getheilt hatten, nur Friedrich II., dem ältesten Sohne, die Erbhuldigung leisten zu wollen, wegen Johann des Jüngeren aber erklärten sie nach der Privilegienconfirmation Friedrich's II. vom 25. October 1564 [16]) sich „bismaln" entschuldigt. Friedrich II. ist Stammvater der nunmehr ausgestorbenen Dänischen, oder älteren Königlichen, Johann der Jüngere der Stammvater der Sonderburgischen oder jüngeren Königlichen Linie.

Nach dem im Jahre 1586 erfolgten Tode Herzogs Adolf der Gottorfischen Linie, welcher vier Söhne hinterließ, trat zunächst der älteste Sohn Friedrich die Regierung an. Er starb indessen, ohne die Huldigung empfangen zu haben, im folgenden Jahre. Der zweite Bruder Philipp wollte demnach die Regierung ohne die Wahl der Stände antreten. Auf ständischen Widerspruch erkannte derselbe jedoch das Wahlrecht an und wurde demnach neben Christian IV., dem ältesten Sohne des damals 1588 gestorbenen Königs Friedrich II., gewählt. Herzog Philipp starb 1590. Es folgte ihm in Folge ständischer Wahl der dritte Sohn des Herzogs Adolf, Johann Adolf. Derselbe hinterließ zwei Söhne, von denen Friedrich III., da das Wahlrecht 1590 vom deutschen Kaiser in seiner oberlehnherrlichen Eigenschaft für unberechtigt erklärt war, im Jahre 1616 die Regierung als Erbherr antrat.

Nach dem oben Angeführten existirten in den Herzogthümern zwei Linien, die Königliche und Gottorfische. In jeder dieser beiden Linien war bisher stets der Erstgeborene succedirt, in der Königlichen nacheinander Friedrich II. und Christian IV., in der Gottorfischen außer Friedrich II., der noch vor dem Huldigungslandtage starb, Philipp und Johann Adolf.

Die beiden mitregierenden Fürsten, der in seiner Minderjährigkeit gewählte König und Herzog Christian IV. und der noch nicht gewählte Gottorfische Herzog Friedrich III., beschlossen gemeinschaftlich, das Wahlrecht der Stände nicht mehr anzuerkennen. Der Huldigungslandtag wurde auf den 9. December 1616 nach Schleswig berufen und von ihm die einfache Erbhuldigung für Friedrich III. gefordert.

Die Stände zeigten, um den Streit über die Rechtmäßigkeit des Wahlrechts zu vermeiden, in Folge jener Forderung Friedrich III. seine Erwählung an. Die Mitregenten antworteten ihnen, daß eine Wahl nicht gesucht worden sei. Die Stände erboten sich darauf, aus jeder Linie künftig den Erstgeborenen wieder zu benennen. Seitens der Regierung indessen verlangte man einfache Erbhuldigung. Ständischerseits erbot man sich dann, Friedrich III. als ältesten Sohn Herzogs Johann Adolf als Landesherrn zu erkennen. Dieses Erbieten wurde angenommen und die ständische Erklärung in folgender Weise formulirt:

„Nach gepflogenen vielfältigen mühseligen Tractaten, die geforderte Erbhuldigung belangend, Erklären die Praelaten, Ritter und Landschafft in Unterthänigkeit sich hiemit dahin:

Weil die hiebevor deswegen gebrauchte Wörter etwas exos und nachdenklich angesehen werden wollen, daß bemelte Praelaten, Ritter- und Landschafft nunmehro den Durchläuchtigen Hochgebohrnen Fürsten und Herrn, Herrn Friedrich, Erben zu Norwegen, Herzogen zu Schleswig-Holstein, Stormarn und der Dithmarschen Graff zu Oldenburg und Dellmenhorst, als Weyl. des Durchleuchtigen Hochgebohrnen Fürsten und Herrn, Herrn Johann Adolphen, Erben zu Norwegen, Herzogen zu Schleswig, Holstein, Stormarn und der Dithmarschen, Graffen zu Oldenburg und Delmenhorst ꝛc. Christmilder Gedächtnis hinterlassenen ältesten Sohn für Ihren regierenden Landes Fürsten und Herrn erkennen, und annehmen, Deroselben auch alle schuldige Gebühr leisten wollen. Dagegen leben Sie dieser unfehlbaren Zuversicht, Ihr Fürstl. Gnad. Ihre der Praelaten, Ritter- und Landschafft wohlhergebracht habende Privilegia Dero Höchst und hochlöbl. Vorfahren Exempel nach, vorher zu confirmiren, auch die Gravamina abzuschaffen, Gnädigst geneigt sein werden."

Nach jedem Regierungsantritt wurde von dem antretenden Fürsten die Confirmation der Landesprivilegien ertheilt. Die Urkunde darüber bedurfte, in so fern sie Neues enthalten sollte, der Zustimmung der Stände. Es war daher nothwendig, die mit dem Wahlrecht vorzunehmende Aenderung in die Privilegienconfirmation Herzogs Friedrich III. aufzunehmen.

Der Entwurf der Privilegienconfirmation Friedrich's III. wurde daher den Ständen von der Regierung, den beiden Landesherren, mitgetheilt. Derselbe nahm jene so eben angeführte ständische Erklärung ihrem Wortlaute nach in sich auf und fügte dem Versprechen, die Privilegien zu beobachten, die Worte hinzu:

„jedoch die bis hierzu prätendirte freie Wahl und was sonsten in denen privilegiis nach Ablauf der Zeit in desuetudinem gekommen und geändert ist, ausgenommen."

Die Stände schlugen statt dessen folgende Clausel vor:

„jedoch den punctum electionis vorinserirter Erklärung nach ad primogenitum restringiret,"

wonach noch der Schein eines Wahlrechtes bleiben zu sollen schien. Die Regierung verwarf diese Clausel; eine neue wurde schließlich in folgender Weise vereinbart:

„jedoch den punctum electionis vorinserirter Erklärung nach ad jus primogeniturae rebuciret." [17])

Bei den nächsten Thronerledigungen in beiden Linien nach dem Tode König Christian's IV., 1648, und Herzogs Friedrich III. 1659, wurde von den Ständen die einfache Erbhuldigung geleistet. In den vereinbarten Privilegienconfirmationen ihrer Nachfolger, Königs Friedrich III. und Herzogs Christian Albrecht wurden übereinstimmend die Privilegien mit dem Zusatze bestätigt: „außer was in puncto electionis darin geändert." [18])

Diese Thatsachen ergeben, daß im Jahre 1616 landesverfassungsmäßig die Wahl durch das Erstgeburtsrecht ersetzt worden ist. Es wurde das Erstgeburtsrecht allgemein und ohne irgend eine Beschränkung eingeführt, und wurde als eine zwischen der Landesregierung und den das Land vertretenden Ständen getroffene Vereinbarung Theil der Landesverfassung. Dasselbe schließt zugleich die Linealfolge und diejenige Individualsuccession in sich, durch welche der Erstgeborene der näheren erstgeborenen Linie zur Nachfolge bestimmt wird.

11. Vorzug nach Gradesnähe.

Nach dem Obigen bezeichnet sowohl nach gemeinem und Hausrechte, als auch nach Landesrecht, die Linealerbfolge nach dem Rechte der Erstgeburt den Herzog

Friedrich als den legitimen Erbfolger in beiden Herzogthümern. Aber auch die Anwendung derjenigen Successionsordnung, welche, wenn das Erstgeburtsrecht haus- und landesgesetzlich nicht gälte, nach Gemeinem Lehnrecht eintreten würde, führt zu dem Ergebnisse, daß die Augustenburgische Linie zunächst zur Erbfolge berufen ist.

Denn wollte man die Lineal-Gradualerbfolge auf die Erbfolge der Herzogthümer zur Anwendung bringen, so würde in Folge derselben, wie bei der reinen Gradualfolge, die Gradesnähe für die Augustenburgische Linie entscheiden. Der Herzog Christian August von Schleswig-Holstein-Sonderburg-Augustenburg steht im 18. Grade zu dem verstorbenen Herzog Friedrich VII., die nächsten Prinzen der Glücksburgischen Linie im 19., Seine Majestät der Kaiser Alexander II. von Rußland im 21. Grade, Seine Königliche Hoheit der Prinz Gustav von Wasa und Seine Königliche Hoheit der Großherzog Nicolaus Peter von Oldenburg im 20. Grade.

II. Anerkennungen des bestehenden Erbfolgerechtes.

1. Anerkennungen des Hauses.

In der Geschichte finden sich wiederholte Anerkennungen davon, daß gemäß des Vorzuges der Linie nach dem Aussterben der älteren die jüngere Königliche Linie, nicht aber die Gottorfische zur Succession in die Besitzungen der ersteren berufen ist. Die folgenden Thatsachen werden dieses ergeben.

1) König Friedrich III. von Dänemark ließ sich bekanntlich im Jahre 1660 von den Dänischen Reichsständen für seine gesammte Descendenz, agnatische und demnächst cognatische, die erbliche Regierung übertragen und hat dadurch den Grund dazu gelegt, daß nunmehr die Herzogthümer Schleswig-Holstein von Rechtswegen von Dänemark geschieden sind. Fünf Jahre später, unter dem 14. November 1665, vollzog derselbe das Dänische Königsgesetz. Damals trat dem Könige die Möglichkeit der Trennung der Herzogthümer von Dänemark vor Augen und entstand der Wunsch, durch Verhandlungen mit den nächsten Agnaten zu bewirken, daß dieselben ihr Erbfolgerecht zu Gunsten seiner cognatischen Descendenz aufgäben.

Der König ließ nach längeren Verhandlungen, welche auch verschiedene andere Gegenstände betroffen hatten, wenige Tage vor der Vollziehung des Dänischen Königsgesetzes, unter dem 5. November 1665, dem Herzog Joachim Ernst von Plön folgenden Antrag zugehen:[19])

"Wegen des Puncti der Erbsuccession vndt Homagii, Cediret vndt transferiret Herzog Jochim Ernst, für sich vndt seine descendentes, deßen, bei Künftig sich ereugnenden Sterbfällen protendiren daß jus succodendi in Bona Feudalia, volgender gestalt;

Daß wen Ihr Königl. Maytt. vndt dero posterirende Menliche linie, (Welches gott verhüten wolle), abgehn würden, alsban die

Königl. Princessin, vnbt deroselben Ehliche Leibes Erben, Menliches vnbt Weibliches geschlechtes, für Herzog Jochim Ernst vnbt Deroselben Menliche descendenten vnbt lehnßsuccessoren, zutreten, zu der succession an der lehn in den Herzogthümern Schlwig Holstein vnbt deren pertinentien die nehesten sein, vnbt Herzog Jochim Ernst familiam Excludiren solle, Daferne aber Ihrer Königl. Maytt. Weibliche Successores ein vnbt andern ursachen vnbt behindernüssen halber, zu obberürter succession in den Herzogtuhmb Holstein zugelangen, solte abgehalten vnbt über Vermuhten daran verhindert werden; Oder da die Königl. familie Freuwliches geschlechtes, sich dieser succession guthwillig begeben, oder an einen andern zu transferiren gesinnet, würden, Imgleichen da die Königl. Freuwl. familie absterben vnbt erlöschen solte; So soll alßden Herzog Jochim Ernst vnd seinen descondenten, diese renunciation vnbt eventual cession vnpraeiudicirlich, vnbt auff solche Felle deroselben jura successionis et Homagii allerdingß vorbehalten sein vnbt bleiben."

Der Herzog von Plön ging auf diesen Antrag, welchem die Annahme zu Grunde liegt, daß nach dem Aussterben des Mannsstammes der älteren Königlichen Linie der der jüngeren Linie zu folgen habe, nicht ein. Er hatte sich schon bei den voraufgehenden commissarischen Verhandlungen zu der verlangten Cession nur auf den Fall geneigt erklären lassen, wenn die sämmtlichen Mitglieder der jüngeren Königlichen Linie dasselbe eingehen würden.

2) Einem Vertrage vom 24. Mai 1661 zwischen Schweden und dem Herzog Christian Albrecht von Gottorf war ein Artikel beigefügt, wonach, wenn in einem Kriege Schwedens gegen Dänemark dieses unterliegen sollte, der Herzog von Gottorf sich seines Rechtes an dem Königlichen Antheile der Herzogthümer nicht begeben, sondern sich und seinen Successoren dasselbe allerdings reservirt haben wolle.

Als dieser Artikel später bekannt wurde und Königlicher Seits demselben eine böse Absicht untergelegt wurde, erklärte man Gottorfischer Seits [20]), man habe sich nur seine Erbgerechtigkeit reserviren wollen. In einer nach der Bezeichnung des Titels „auf Königlichen Allergnädigsten Befehl 1685" erschienenen Staatsschrift findet sich darauf folgende Erwiderung: [21])

„Gesetzt, daß das Königliche Antheil, an den Herzogthümern Schleßwig-Holstein, durch was Zufall es auch sein mögen, wäre erlediget worden, was hätte ein Herzog zu Holstein Gottorff für Erbgerechtigkeit daran zu pretendiren gehabt, indem, Zeit der getroffenen Allianz, noch mehr als 20 andere Herzoge zu Schleßwig-Holstein, so Ihr Königl. Maytt. näher verwant, und folglich, zu berührten Landen, ein näheres Recht, für (vor) Holstein Gottorff, gehabt, im Leben gewesen?"

Von Gottorfischer Seite ist hierauf eine Antwort nicht erfolgt.

Dasselbe gilt von einer im Januar 1700 von Königlicher Seite gegen Gottorf erschienenen Schrift [22]), in welcher mit Beziehung auf obigen Artikel des Schwedisch-Gottorfischen Allianzvertrages von 1661 gesagt wird:

„daß zu der Zeit über 20 Prinzen von der Königlichen Linie wären, welche alle vier näher zu der Erbschaft dieses Königlichen Theils der Herzogthümer."

Es soll hierbei ausdrücklich bemerkt werden, daß in der älteren Königlichen Linie im Jahre 1661 außer dem Könige nur zwei Prinzen am Leben waren.

3) Bekanntlich wurde am 5. Juni 1851 Königlich-Dänischer und Kaiserlich-Russischer Seits zu Warschau ein Protokoll in Betreff der Erbfolge in den Herzogthümern unterzeichnet, welches der Londoner Conferenz in ihrer Sitzung vom 2. Juni 1864 zur Kunde gebracht worden ist. In dem Warschauer Protokoll heißt es § 4:

„En conséquence les deux Cours de St. Pétersbourg et de Copenhague sont convenues: . . . .
Que si, pour assurer la complète réussite de cette combinaison, encore d'autres renonciations étaient jugées utiles et désirables, ce serait à Sa Majesté Danoise à Se charger des indemnités auxquelles il pourrait être reconnu des titres justes et équitables."

Nach einer Erklärung des Dänischen Premierministers Bluhme in der Sitzung des Dänischen Reichstages vom 21. März 1853 sind unter diesen „anderen Renunciationen" Verzichte der Augustenburgischen Linie von den beiden Contrahenten des Warschauer Protokolls, Rußland und Dänemark, verstanden worden. Der Reichstagsabgeordnete Schiern fragte nämlich nach einer nicht deutlichen Erklärung des Premierministers denselben:

„Nach dem, was ich aus dem Vortrage des geehrten Premierministers gehört habe, darf ich es also als gegeben ansehen, daß unter den im Warschauer Protokoll selbst sogenannten „Renunciationen", man es als nützlich und werthvoll angesehen hat, auch die des Herzogs von Augustenburg einzuholen, aber daß man dagegen es nicht für nützlich und werthvoll gehalten hat, eine entsprechende Verpflichtung in Bezug auf die Seitenlinie einzuholen."

Er erhielt von dem Premierminister Bluhme die einfache Antwort: „Ja." [23])

Die Contrahenten des Warschauer Protokolls nahmen jedenfalls den alt-Königlichen Antheil von Holstein als dem Rechte der jüngeren Königlichen Linie unterliegend an: denn die hohen Personen, deren Verzichte in dem §. 2. dieses Protokolls erwähnt werden, die Königlich-Dänischen Cognaten, legen sich in den Verzichtsacten ein Recht auf den alt-Königlichen und Großfürstlichen Antheil von Holstein nicht bei, in dem Warschauer Protokolle wird nur über den Großfürstlichen Antheil disponirt. Es bleibt also nur der alt-Königliche Antheil für jene „andern Renunciationen" übrig und es wird daher die Erklärung des Premierministers Bluhme in Betreff des alt-Königlichen Antheils durch den Inhalt des Warschauer Protokolls selbst als richtig bestätigt.

3) Nachdem der Londoner Vertrag durch die Bemühungen der Dänischen Regierung zu Stande gekommen war und dieselbe dadurch das alte Erbfolgerecht der Herzogthümer thatsächlich für immer beseitigt zu haben glaubte, hat dieselbe sich über den rechtlichen Bestand der beseitigten Erbfolge in derselben Weise durch ihre

Organe ausgesprochen, wie dies nach Obigem im 17. Jahrhundert geschehen war. In der Sitzung des Dänischen Reichstags vom 7. April 1853 erklärte der Dänische Premierminister Oersted, zugleich die erste juristische Auctorität Dänemarks, in Betreff Holsteins: ²⁴)

„Was nun inzwischen alle die agnatischen Erbgerechtsame anbetrifft, welche der sogenannten jüngeren Königlichen oder der Sonderburgischen Linie zufallen könnten, die im übrigen näher daran war, Holstein zu erben, als Rußland, so sind sie ja durch das Verhalten der hierzu gehörenden Personen und durch den Beschluß aufgehoben, welcher von den Großmächten gefaßt ist, so daß wir uns nicht weiter darum zu bekümmern brauchen. Dadurch haben allerdings die Russischen Prätensionen ein Gewicht erhalten, welches sie sonst nicht haben könnten, aber es scheint, als ob der Kaiser von Rußland mit Mäßigung davon Gebrauch machen wolle."

Derselbe erklärte ferner in der Sitzung vom 15. April 1853: ²⁵)

„Die Linie, welche, wenn die männlichen Descendenten Friedrich's III. ausgestorben wären, die nächste sein würde, war die jüngere Königslinie, welche näher sein würde, als die Gottorfische. Die Nächsten in dieser Königslinie sind in der späteren Zeit in ein unglückliches Verhältniß zu Dänemark durch eigenes Verschulden gekommen."

In dieser letzten Erklärung wird nicht nur der Vorzug der jüngeren Königlichen Linie vor der Gottorfischen, sondern zugleich das Erstgeburtsrecht in der jüngeren Königlichen Linie anerkannt. Denn bekanntlich waren es die beiden erstgeborenen Prinzen der Augustenburgischen Linie, welche durch den Offenen Brief und die Kopenhagener Revolution vom Jahre 1848 in ein unfreundliches Verhältniß zu Dänemark gekommen waren.

Neben den officiellen Erklärungen der Dänischen und den vertragsmäßigen Bestimmungen der Russischen und Dänischen Regierung sollen hier persönliche Anerkennungen, welche die Könige von Dänemark und die Mitglieder der älteren Königlichen Linie den Rechten der Augustenburgischen Linie früher stets haben zu Theil werden lassen, nicht näher dargelegt werden.

2. Anerkennung der rechtmäßigen Erbfolge Seitens der Stände.

Auch die Stände der Herzogthümer haben das hier dargelegte Erbfolgerecht ausdrücklich anerkannt.

1) Dies geschah Seitens der Holsteinischen Ständeversammlung in einer Eingabe an den König-Herzog vom 21. December 1844, in welcher dieselbe erklärte:

„Wir behaupten ferner: Der Mannsstamm herrscht in den Herzogthümern.

Holstein ist in allen Kaiserlichen Lehns-Briefen ein Mannlehn genannt und daß der Wegfall des Lehnsverhältnisses in den bestehenden Erbrechten keine Aenderung bewirke, ist anerkannten Rechtens. — In dem Herzogthum Schleswig ist bei der Wahl des Stammvaters

Ew. Majestät Christian I. mit dem Erbfolgerecht seines Fürstenhauses der Vorzug des Mannsstammes anerkannt. Das Recht der Erstgeburt im Mannsstamme ward in den regierenden Linien eingeführt, für die ältere Königliche durch das Statut vom 27. Juli 1650, für die jüngere Königliche durch den Familienvertrag vom 17. September 1633, für die Herzoglich-Gottorfische durch die Erbdisposition vom 9. Januar 1607."

Ebenso erklärten die Stände des Herzogthums Schleswig in einer am 2. November 1846 dem Königlichen Commissar übergebenen, aber von demselben nicht angenommenen Adresse:

"Wir können die Ansicht keineswegs theilen, daß überhaupt eine verschiedene Erbfolge im Herzogthum Holstein als geltend angesehen werden könne, wir halten vielmehr an der Ueberzeugung fest, daß beide Herzogthümer mit allen dazu gehörigen Landen auch in der Zukunft in ungetheilter Erbfolge im Mannsstamme des Oldenburgischen Hauses fortgehen werden, wie sie von Christian I. an bis auf die Gegenwart vererbt worden sind."

2) Im Jahre 1848 vereinbarte die von der Deutschen Bundesversammlung anerkannte provisorische Regierung der Herzogthümer mit der bestehenden Schleswig-Holsteinischen Landesvertretung das Staatsgrundgesetz vom 15. September, dessen Artikel 55 lautet:

"Die Herzogliche Gewalt vererbt im Mannsstamme des Oldenburgischen Fürstenhauses vermöge Abstammung aus rechtsgültiger Ehe nach dem Rechte der Erstgeburt und der agnatischen Linealfolge ohne Rücksicht auf die Nähe des Grades."

3) Nach dem Tode des Königs und Herzogs Friedrich VII. sind die Ständeversammlungen der beiden Herzogthümer nicht berufen worden, die Majorität der Abgeordneten zu der Ständeversammlung des Herzogthums Schleswig hatte schon vor dem 15. November 1863 ihr Mandat niedergelegt und eine größere Zahl Abgeordneter hat sich daher nicht zu einer Aeußerung über die Person des legitimen Erbfolgers versammeln können.

Ein großer Theil der Abgeordneten und Stellvertreter des Herzogthums Holstein ist dagegen am 22. December 1863 noch während der dänischen Occupation Holsteins in Hamburg zusammengetreten und hat in einer an die Deutsche Bundesversammlung gerichteten Eingabe ausgesprochen:

"Der Mannsstamm des älteren Zweiges der Königlichen Linie ist ausgestorben. Zur Thronfolge in den Herzogthümern Schleswig und Holstein ist nach dem Verzichte des Herzogs Christian August von Schleswig-Holstein-Sonderburg-Augustenburg dessen ältester Sohn Friedrich der zunächst Berechtigte. Das ist die im Lande allgemein herrschende, auf die anerkanntesten Rechtsauctoritäten gestützte Ueberzeugung."

Diese Eingabe ist unterschrieben von 32 Abgeordneten unter den vorhandenen 49 und von 17 Stellvertretern.

Am 5. April 1864 traten von der aus 49 Mitgliedern bestehenden Stände-

verſammlung 40 Abgeordnete in Kiel zuſammen und ſprachen in einer der Deutſchen
Bundesverſammlung durch die Bundescommiſſarien übermittelten Erklärung aus:
„Der nächſt Berechtigte unter den jetzt Lebenden des Oldenburger
Hauſes iſt vielmehr, nach dem Verzicht ſeines Vaters, der Herzog
Friedrich von Schleswig-Holſtein-Sonderburg-Auguſtenburg, der als
Herzog Friedrich VIII. von Schleswig-Holſtein die Regierung anzu-
treten bereits erklärt hat."

III. Einwendungen gegen das Succeſſionsrecht überhaupt.

Gegen das Erbfolgerecht des Auguſtenburgiſchen Hauſes auf beide Herzogthümer ſind verſchiedene Thatſachen angeführt worden.

1. Der angebliche Verzicht Johann des Jüngeren. [26])

In früheren Streitigkeiten iſt die Behauptung aufgeſtellt worden, daß der
Stammvater der jüngeren Königlichen Linie, Johann der Jüngere, Verzicht auf alle
ſeine Succeſſionsrechte geleiſtet habe. Man hat ſich dafür auf den Theilungsreceß
vom 27. Januar 1564 [27]) berufen, welcher von König Friedrich II. nach erlangter
Mündigkeit ſeines Bruders Johann des Jüngern mit demſelben über die Erbſchaft
des Vaters errichtet wurde. Man hat dieſe Theilung auch eine Abtheilung genannt.
Theilung und Abtheilung ſind thatſächliche Auseinanderſetzungen einer früher be-
ſtandenen Gemeinſchaft. Welche Rechtswirkung ſie haben, hängt von den näheren
Umſtänden ab, welche aus dem Rechtsgrunde und etwa hinzugetretenen Verzichten
zu beurtheilen ſind.

Rechtsgrund jener „Erbtheilung" (nur ſo wird ſie in dem Receß genannt)
war die Beerbung des Vaters, deſſen Erbſchaft bisher von Friedrich II. verwaltet
war. Die zu dieſer Theilung hinzutretenden Verzichte konnten ſich daher auch nur
auf die väterliche Erbſchaft, auf die aus derſelben zu erhebenden Anſprüche beziehen.

In der That zeigt ſchon ein Blick in den Theilungsreceß, daß der Verzicht
ſich nur auf die Erbſchaft des Vaters, nicht aber auf künftige Erbſchaften bezieht.
Johann der Jüngere erklärt in dem Verzichtsbriefe vom 28. Januar 1564, daß er
auf alles Recht, welches er an den übrigen Fürſtenthümern, Land und Herrſchaften,
„Unſer vätterlichen Erbſchaft halben" gegen ſeinen Bruder, den König, zuvor
gehabt, verzichte. Der König Friedrich II. ſelbſt leiſtete einen ähnlichen Verzicht
auf Alles, was ſeinem Bruder bei der Theilung zugefallen ſei. Ein Verzicht auf
mehr als die väterliche Erbſchaft, oder ſogar zu Gunſten der Gottorfer Linie, mit
der Johann der Jüngere nicht theilte, würde durch Nichts motivirt geweſen und
undenkbar ſein.

Die gänzliche Grundloſigkeit jener Behauptung eines über die väterliche
Erbſchaft hinausgehenden Verzichtes wird aber auch noch durch eine Reihe thatſäch-
licher Vorgänge dargethan.

Noch im Jahre 1564 beantragte Friedrich II. bei den Ständen für seinen Bruder die Theilnahme an der gemeinschaftlichen Regierung.

In dem Odenseer Vertrage vom 25. März 1579 [28]) wurde von dem König von Dänemark versprochen, alle Herzöge zu Holstein, welche „nicht albereit abgefunden unnd Vorzicht gethan" mit Schleswig zu belehnen und es wurde in Verfolg dessen Johann der Jüngere, wie die anderen Herzoge am 3. Mai 1580 mit Schleswig belehnt; in dem Lehnbriefe [29]) erklärt der König Johann dem Jüngeren „das Herzogthum Schleswig, sambt dem so von Alters dazu gehöret, und die Insel Fehmarn, zu einem rechten Fürstlichen altväterlichen anererbten Fahnen-Lehn" gereicht und geliehen zu haben.

Gleichfalls belieh Kaiser Rudolf II. mit Zustimmung des Königs Christian IV. und des Herzogs Philipp von Gottorf unter dem 22. August 1590 [30]) den Herzog Johann „zu der gesambten Hand des Fürstenthums Holstein, samt desselben incorporirten Landen, Stormarn und Dietmarschen."

Das volle Erbrecht Johann des Jüngeren und seiner Nachkommenschaft hat Seitens des Kaisers in unmittelbarer Verbindung mit dieser Belehnung auch noch fernere Anerkennung gefunden. Johann dem Jüngeren wurde von den Ständen die Huldigung und Fräuleinsteuer, weil dieselben nur dem gewählten Fürsten geleistet zu werden brauchten, verweigert. In einem Schreiben vom 22. Mai 1590 [31]), welches sich zugleich auf die Erbfolge in Oldenburg und Delmenhorst bezieht, erklärte Kaiser Rudolf II. dem König Christian IV. und dem Herzog Philipp von Gottorf, wie er, „keine erhebliche Ursache der Ungleichheit, und warumb es in diesen beyden Puncten anders, als mit der Succession und Belehnung des gemeinen Fürstenthumbs und der Incorporirten Landen gehalten werden solle, nicht befinden können."

Auf Klage Johann des Jüngeren erließ darauf der Kaiser unter dem 30. Juli 1599 [32]) ein Mandat an die Holsteinische Ritter- und Landschaft, worin es heißt: „Befehlen Euch derowegen von Römischer Kaiserlicher Macht, auch Gerichts- und Rechtswegen . . . . . . daß Ihr . . . . . . gedachten Herzog Johan von Holstein, die obernante Huldigung, auch gewöhnliche und landübliche Fräuleinsteuer, auff S. L. erfordern, nunmehr unweigerlich leistet, S. L. als Euren gesambten natürlichen Herrn, auch Unser und des Reichs belehnten Fürsten ohne Widerred erkennet, haltet und ehrt."

Unter dem 12. December 1605 [33]) und noch wiederholt später wurde dieses Mandat vom Reichshofrath durch Urtheil bestätigt. Später wurde zwischen einer der von Johann dem Jüngern abstammenden Linien, der Plöner, und dem Könige Christian V. unter dem 18. März 1671 [34]) das Abkommen getroffen, daß „bei der Erbhuldigung für das Königliche Haus und Linie unter dem Nahmen der Königlichen Linie auch eventualiter die Plönische Linie verstanden werden solle."

Endlich haben Johann der Jüngere und seine Nachkommen an den später dem Oldenburgischen Hause auffallenden Erbschaften Theil genommen. Johann der Jüngere selbst erhielt von der Verlassenschaft des Herzogs Johann des Aelteren mit seinem Bruder, König Friedrich II., den ihm nach regelmäßigem Erbrecht gebührenden Antheil durch den Flensburger Theilungsreceß vom 23. April 1582. [35])

Seinem Sohne Herzog Joachim Ernst von Plön, als dem Gradesnächsten und Aeltesten im Oldenburgischen Hause, wurde gegen den Herzog von Gottorf durch drei übereinstimmende Kaiserliche Erkenntnisse die Succession in die Grafschaften Oldenburg und Delmenhorst im Jahre 1673 zugesprochen. ³⁶) Der Herzog von Gottorf berief sich in diesem Processe unter Anderem auf jenen angeblichen Verzicht Johann des Jüngeren von 1564, der, wenn er überhaupt geleistet war, auch die Oldenburgische Erbschaft befassen mußte, fand damit aber bei dem Reichshofrathe in keiner Weise Gehör.

2. Angebliche Tottheilung und Verlust der gesammten Hand. ³⁷)

Es ist in neuerer Zeit behauptet worden, daß die in allen europäischen Monarchien bestehende Geblütserbfolge der Seitenverwandten in den souverainen Herzogthümern Schleswig und Holstein nicht gegolten habe und auch noch jetzt nicht gelte, daß die jüngere Königliche Linie nur kraft einer Belehnung zur gesammten Hand succediren könnte, dieses Successionsrecht aber dadurch verloren habe, daß sie seit 1751 für Holstein und seit 1767 für Schleswig die gesammte Hand nicht empfing.

Wie außerordentlich auch die Behauptung ist, daß in den Herzogthümern allein von allen europäischen Staaten nicht kraft Geblütsrechtes succedirt werde, so soll dieselbe hier doch der Vollständigkeit wegen in Kurzem widerlegt werden.

1) Man hat die Theilungen, welche 1564 und 1582 zwischen König Friedrich II. und Johann dem Jüngern vorgenommen wurden, als Tottheilungen bezeichnet, welche den Verlust des Successionsrechtes mit sich gebracht haben würden, wenn nicht eine Belehnung zur gesammten Hand für Johann den Jüngeren eingetreten wäre.

Der Begriff der Tottheilung ist bedingt durch den Rechtssatz des älteren deutschen Lehnrechtes, daß nur Descendenten des letzten Vasallen succediren. Theilende Söhne verlieren danach das Folgerecht an den Theilstücken. Die Anwendbarkeit des Begriffes der Tottheilung ist bedingt durch die Geltung jenes älteren deutschen Lehnrechtes.

Das ältere deutsche Recht kannte den Erwerb eines Lehens durch Seitenverwandte nur kraft Consolidation, welche den wirklichen Mitbesitz und Mitgenuß voraussetzte. Doch schuf es in der gesammten Hand ein Surrogat dieses Mitbesitzes und Mitgenusses, wonach trotz geschehener Ausscheidung aus der Gemeinschaft durch Tottheilung oder in anderer Weise das Folgerecht den Seitenverwandten gewährt wurde.

Für Schleswig, welches von Alters her untheilbares Lehen war, hat jener Rechtssatz des ältern deutschen Lehnrechtes nie gegolten. Der Ausschluß des Begriffes der Tottheilung für Holstein ist bereits durch das Privileg Herzogs Johann von Sachsen, damaligen Lehnherrn von Holstein, 1307 ausgesprochen worden, durch welches derselbe den Holsteinischen Grafen zusicherte, daß Theilungen ihnen und ihren Erben nicht nachtheilig sein, sondern die gesammte Hand als gewahrt und erlangt betrachtet werden solle (cuicumque heredi dicti Domini comites aut eorum heredes aliquam partem terrarum et dominii predictorum assignare et dimittere voluerint, eidem conferimus jure feodali, servata et obtenta manu unanimi). ³⁸)

Mit der Reception des gemeinen Rechtes in Deutschland überhaupt und seit der Thronbesteigung des Oldenburgischen Hauses insbesondere wurde das gemeine Lehnrecht Rechtsquelle.

Das gemeine deutsche Lehnrecht beruft aber die Seitenverwandten von Rechtswegen, nicht kraft wirklichen Mitbesitzes und Mitgenusses des Lehens oder kraft eines vom Lehnherrn gewährten Surrogats desselben, der Belehnung zur gesammten Hand, sondern kraft Geblütsrechtes zur Lehnfolge. Der Begriff der Tottheilung ist durch dasselbe vollkommen ausgeschlossen. Keine Art der Theilung oder sonstigen Ausscheidung aus der Gemeinschaft kann das eventuelle Erbrecht sämmtlicher Nachkommen des ersten Erwerbes afficiren. Dieses kann vielmehr nur durch ausdrückliche Verzichte bewirkt werden.

Ueberdies ist auch die Supposition, daß die Theilungen von 1564 und 1582 sogenannte Tottheilungen im Sinne eines älteren Rechtssystems gewesen seien, nicht richtig. Denn in den Theilungen von 1564 und 1582 gab Herzog Johann der Jüngere keineswegs jedes unmittelbare Recht an dem übrigen Lande auf. Die Theilungen betrafen nur die Aemter und Landschaften. Herzog Johann der Jüngere sollte auch an der Regierung über die gemeinschaftlichen Unterthanen Theil nehmen und König Friedrich II. forderte von den Ständen diese Theilnahme. Ueberdies aber blieben Johann dem Jüngeren mit dem Königlichen und Gottorfischen Herzoge nicht nur die Rechte auf die damals noch Holsteinische Stadt Hamburg und der Mitbesitz und Mitgenuß gewisser Schleswigscher und Holsteinischer Zölle, sondern er behielt auch das Recht auf die Huldigung des gesammten Herzogthums Holstein und auf die Erhebung der Fräuleinsteuer aus allen Theilen desselben, — Rechte, welche durch das schon angeführte Mandat Kaisers Rudolf vom 30. Juli 1599 und die darauf ergangenen Erkenntnisse als dem Herzog Johann dem Jüngeren zustehend anerkannt wurden.

Wäre überhaupt der Begriff der Tottheilung von praktischer Bedeutung, so würde derselbe in noch stärkerer Weise gegen die Gottorfischen Linien gelten, welche im Jahre 1773 jeden Mitbesitz und Mitgenuß des Lehens aufgaben und bei Anwendung des älteren Rechtes daher jedes Erfolgerecht verloren haben würden.

2) Schon aus dem Vorstehenden erhellt es, welche Bedeutung der Thatsache beizulegen ist, daß Herzog Johann der Jüngere Gesammtbelehnungen 1580 von Schleswig und 1590 von Holstein empfing.

Das gemeine Lehnrecht, von dessen Geltung gerade aus der damaligen Zeit die oben angeführten Beweise vorliegen, gründet das Successionsrecht auf das Geblütsrecht aller Nachkommen des ersten Erwerbers und läßt eine Belehnung zur gesammten Hand nur in dem Sinne neben sich gelten, daß dieselbe nicht, wie nach älterem deutschen Lehnrechte, Bedingung des Successionsrechtes, sondern nur Cautel und Beweismittel des unabhängig bestehenden Erbfolgerechtes sei.

Jene Herzog Johann dem Jüngeren ertheilten Gesammtbelehnungen sind denn auch in ihrem juristischen Charakter denjenigen gleich, welche die anderen, die gemeinsame Regierung führenden Fürsten empfingen.

Aus diesem Grunde macht der Lehnvertrag über Schleswig, der Odenseische Vergleich vom 25. März 1579, die gesammte Hand nicht zur Bedingung des Erbrechtes. Es succedirte ferner Herzog Johann der Jüngere im Jahr 1582 mit

seinem Bruder und Oheim nach Stämmen in die Verlassenschaft Herzogs Johann des
Aelteren, obwohl er in Betreff Holsteins eine Gesammtbelehnung überhaupt nicht
empfangen hatte, und obwohl in Betreff Schleswigs und Holsteins nach dem reinen
Linealsystem, welches die gesammte Hand des älteren deutschen Lehnrechtes allein
zuläßt, ohne Anwendung des gemeinrechtlichen Repräsentationsrechtes nach Kopf-
theilen hätte succedirt werden müssen. [39])

In der ganzen Geschichte der Herzogthümer existirt kein Fall, in welchem
der Besitz der gesammten Hand als Bedingung der Succession angenommen, und
daß der Mangel der gesammten Hand ein Hinderniß der Succession gewesen wäre.
Vielmehr succedirte z. B. noch der König Christian VIII., obwohl sein Vater die
gesammte Hand nicht gewahrt hatte.

Wiederholt ist vom deutschen Kaiser Holstein als ein altväterliches Lehen
bezeichnet und damit jene Geblütserbfolge des gemeinen Lehnrechtes anerkannt
worden. In den Herzogthümern ist die gemeinrechtliche Erbfolge aus dem Vertrage
und der Vorsehung der Vorfahren, die Geblütserbfolge, in den vielfachen Streitigkeiten der Fürstenfamilie stets und vielfach anerkannt worden. [40]) Auf Basis derselben sind wiederholt, z. B. vom Herzog Friedrich, Bischof von Hildesheim, im
Jahre 1544 und von dem Herzog Johann Friedrich Gottorfischer Linie im Jahre
1606 [41]) die nur unter der Voraussetzung der Geblütserbfolge des gemeinen Lehnrechtes anwendbaren Verzichte unter bloßem Vorbehalt der Erbfolge und ohne
Wahrung der gesammten Hand geleistet worden.

Von diesem Gesichtspunkte aus haben die jüngeren Gottorfischen Linien,
welche niemals im Mitbesitz und Mitgenuß des Holsteinischen Lehens waren, und
hat die Kaiserlich-Russische Linie, als sie 1773 jeden Besitz und Genuß an Holstein
aufgab, die gesammte Hand nicht gewahrt.

Von der jüngeren Königlichen Linie wurde die gesammte Hand gewahrt,
so lange dieselbe einen unmittelbaren Lehnbesitz in den Herzogthümern inne hatte.
Da nach der Praxis des Reichshofraths nur die im Besitze eines Lehnstückes befind-
lichen Agnaten die gesammte Hand zu wahren verpflichtet waren, so hörte mit dem
Aufgeben der letzten Lehnstücke Seitens der jüngeren Königlichen Linie, Glücksburgs
und Plöns, jene Muthung auf.

Das Recht auf die gesammte Hand verblieb allen Linien und wurde einigen ausdrücklich vom Reichshofrath vorbehalten.

Schließlich soll noch bemerkt werden, daß auch nach dem nur partikular-
rechtlich vorkommenden System, welches die gesammte Hand zur Bedingung des
Lehnfolgerechtes macht, eine Unterlassung der Muthung nur ein Lehnfehler ist, der
vom Lehnherr nicht ohne Gehör des angeblich Säumigen und nicht ohne gericht-
liches Verfahren geltend gemacht werden kann. Ein Recht Dritter, aus dem angeblichen Versäumniß ein Successionsrecht herzuleiten, hat nicht existirt und widersprach der Rechtsordnung des ehemaligen deutschen Reiches.

3. Angebliche Consolidation. [42])

Man hat die Behauptung aufgestellt, daß der Kaiser die Belehnung der
beiden die gemeinschaftliche Regierung führenden Fürsten als eine Einheit betrachtet
und erst hinter und abgesondert von dieser Einheit die Sonderburger Linie belehnt

habe, daß daher jene beiden Fürsten eine juristische Person bildeten; daß bei Wegfall der einen dieser Personen die Persönlichkeiten des Regenten auf Ein Haupt concentrirt worden, nicht aber nothwendig gewesen sei, durch Aufnahme eines fremden Elements die juristische Person wieder herzustellen; daß daher bei Erlöschen der älteren Königlichen Linie die Gottorfische ihr substituirt gewesen sei.

Ob der Kaiser die Belehnung der beiden sogenannten regierenden Fürsten als eine Einheit betrachtet habe, oder nicht, ist für die Frage der Successionsordnung um so unerheblicher, als bloße Ansichten des Lehnherrn nicht Erbfolgegesetze sind und als der Lehnherr überhaupt kein Recht hat, die gesetzlich bestehende Lehnfolge abzuändern.

Jene angebliche Ansicht des Kaisers ist aber auch durch Nichts ersichtlich. Die der ersten Belehnung des Herzogs Johann des Jüngeren vorauf gehende gemeinschaftliche Belehnung Königs Christian IV., Herzogs Philipp und deren unmündiger Brüder erfolgte am 11. December 1589 unter dem Vorbehalte „dabey aber männiglich, und insonderheit dem auch hochgebohrnen Johannsen, Herzogen zu Holstein . . . . sein Recht und Zuspruch zur gesammten Hand . . . . ausdrücklich vorbehalten." [43]) Seit dem Jahre 1617 sodann sind die Belehnungen der Könige von Dänemark und der Herzoge von Gottorf getrennt und durch gesonderte Lehnbriefe erfolgt, die Belehnungen waren also nicht einheitlich, sondern sie erfolgten in gleicher Weise abgesondert, wie die Belehnungen der jüngeren Königlichen Linie. Daß diese hinter denen der übrigen erfolgten, ist unverständlich.

Die positive Meinung des Kaisers bei diesen Belehnungen spricht sich bestimmt in dem schon angeführten Schreiben Rudolf II. vom 22. Mai 1590 [44]) aus, in welchem derselbe den König Christian IV. und den Herzog Philipp von Gottorf aufforderte, in die Aufnahme Herzogs Johann des Jüngeren in die Oldenburgische Expectanz einzuwilligen, weil keine erhebliche Ursache der Ungleichheit und warum es in diesem Punkte anders als mit der Succession und Belehnung von Holstein gehalten werden solle, zu befinden sei. Wie diese Gleichberechtigung beim Aussterben der Oldenburgischen Grafen im Jahre 1667 zum Ausschlusse der älteren Königlichen und Gottorfischen Linie von der Erbfolge in Oldenburg und Delmenhorst führte, ist bekannt.

Daß die beiden die gemeinschaftliche Regierung führenden Landesherren eine juristische Person gebildet hätten, ist eine willkürliche, der Zeit, wo jenes Verhältniß existirte, durchaus unbekannte Erfindung, für welche jeder Anhalt fehlt. Daß mit dem Tode des Einen der beiden Fürsten nicht der Andere die juristische Persönlichkeit auf sein Haupt concentrirte, wird durch die Thatsache zahlreicher Successionsfälle in beiden Linien constatirt. Diese beiden Linien, welche die gemeinschaftliche Regierung führten, waren aber die Königliche, den älteren und jüngeren Zweig umfassende [45]), und die gleichfalls in mehrere Zweige zerfallende Gottorfische Linie. Die Nebenlinien des Königlichen wie die des Gottorfischen Hauses, welche letztere überhaupt nicht vom Kaiser belehnt worden sind, waren nach dem gemeinen Lehnrechte, den Haus- und Landesgesetzen in ihrer Ordnung zur Erbfolge berufen.

Aus der Erfindung der juristischen Person aber auf eine Succession durch Consolidation, nicht nach Erbrecht schließen wollen, und aus dieser Consolidation für das Gottorfer Haus auch dann noch eine Succession herzuleiten, nachdem dasselbe aus jener angeblichen juristischen Person ausgeschieden und dadurch die Existenz jener juristischen Person jedenfalls aufgehoben worden ist, heißt das Erbfolgerecht eines deutschen Staates durch willkürliche juristische Spielereien untergraben.

4. Angeblicher Verzicht von 1786.

Der Herzog Friedrich Christian von Augustenburg vermählte sich im Jahre 1786 mit der Dänischen Prinzessin Louise Auguste. Dieselbe stellte am 28. Mai 1786 den vom Dänischen Königsgesetze, Art. 22, vorgeschriebenen, die Succession in der gesetzlichen Reihenfolge vorbehaltenden Töchterverzicht aus, worin sie für sich und ihre Erben auf „alle väterliche Erbschaft an Königreichen, Fürstenthümern, Grafschaften, Herrschaften und Landen . . . . nach der lege regia" verzichtete. Der Herzog bestätigte für sich und seine Erben diesen Verzicht.

Aus diesen Urkunden hat man den Verlust des Erbrechtes des älteren Zweiges der Augustenburgischen Linie an Schleswig und Holstein ableiten wollen. Der Verzicht bezieht sich seinem Wortlaute und Sinne nach nur auf diejenigen Theile der vormaligen Dänischen Monarchie, welche dem Dänischen Königsgesetze unterlagen. Eine Prinzessin hat überhaupt kein Erbfolgerecht in den Herzogthümern und die Bestätigung des Verzichtes durch den Gemahl betrifft nicht diejenigen Rechte, welche seine Nachkommen von ihm, sondern welche sie von der Mutter abzuleiten haben, die cognatischen, nicht die agnatischen Rechte.

5. Der angebliche Verzicht des Herzogs Christian August von 1852.

Es ist Dänischer Seits gesagt worden, daß durch eine Urkunde des Herzogs Christian August von Augustenburg vom 30. December 1852 das Erbfolgerecht des Augustenburgischen Hauses untergegangen sei.

Die Entstehung dieser Urkunde ist bekannt. Der Herzog Christian August von Augustenburg hatte sich, wie fast alle Prinzen des Schleswig-Holsteinischen Hauses, in dem Kriege von 1848 — 1850 auf die deutsche Seite gestellt. Die Dänische Regierung sequestrirte in Folge dessen die Besitzungen des Herzogs. Nach dem Frieden lieferte sie dieselben nicht nur nicht aus, sondern forderte unter der wenig versteckten Androhung der Confiscation von dem Herzoge den Verkauf jener Güter um einen Dänischer Seits bestimmten, etwa die Hälfte des Werthes erreichenden Preis. Der Herzog verkaufte die Güter für diesen Preis und versprach zugleich, für sich und seine Familie den von dem König von Dänemark in Bezug auf die Ordnung der Erbfolge für alle unter dessen Scepter gegenwärtig vereinten Lande, oder die eventuelle Organisation der Monarchie gefaßten oder künftig zu fassenden Beschlüssen in keiner Weise entgegentreten zu wollen. Der Dänische Premierminister Bluhme erklärte in der Sitzung des Dänischen Reichstages vom 21. März 1853[46]) ausdrücklich, daß jene Erklärung in keiner Weise eine Renunciation sei, — eine Aeußerung, die durch die Hinzufügung, daß man Dänischer Seits Erbrechte des Herzogs nicht anerkenne, an ihrer Bedeutung nicht verliert.

Die Entschließungen des Königs Friedrich VII. von Dänemark in Betreff der Erbfolge haben bei mangelnder Zustimmung der Schleswigschen und Holsteinischen Stände und des Bundes niemals einen rechtlich wirksamen Charakter angenommen.

Die Zustimmung der damals großjährigen Söhne und Agnaten des Herzogs ist weder verlangt noch ertheilt worden und ohne diese Zustimmung blieb jene Erklärung eine rein persönliche. Was insbesondere den Herzog Friedrich anbetrifft, so hat derselbe seinen Dissens ausdrücklich erklärt, sobald die Entschließungen des Königs zu einer festeren Gestaltung überzugehen drohten.

Als im Jahre 1859 der König von Dänemark zuerst die Zustimmung der Holsteinischen Stände zu der beabsichtigten Erbfolgeänderung erforderte, hat der Herzog Friedrich am 15. Januar 1859 ausdrücklich eine Verwahrung seiner Erbfolgerechte, durch Uebersendung derselben an den König von Dänemark, eingelegt.[17]) Schon unterm 24. März 1853 war durch den Prinzen Friedrich Emil August von Schleswig-Holstein-Sonderburg-Augustenburg dem Präsidenten des Dänischen Reichstags eine Verwahrung übersandt worden.

Daß solche Verwahrungen zur Erhaltung des Erbfolgerechtes nicht erfordert werden, ist bekannt, denn Staatserbfolgerechte können nur durch unzweidentige und förmliche Willenserklärung aufgegeben werden. Dem Stillschweigen einer Person kann nur dann die Bedeutung einer Zustimmung beigelegt werden, wenn derselben irgend eine Willenserklärung abgefordert wird, und wenn in diesem Falle ihr Stillschweigen einzig und allein durch die Absicht ihrer Zustimmung erklärt werden kann. Von Dänischer Seite ist niemals behauptet worden, daß dem Herzog Friedrich oder den Agnaten irgend eine Willenserklärung abgefordert, oder daß dieselben auch nur durch Mittheilung der verletzenden Acte zu einer Erklärung veranlaßt worden seien.

Der Herzog Friedrich hat sich nicht veranlaßt gesehen, gegen die einzelnen Theile eines Systems zu protestiren, welches seine Rechte ignorirte und welches zu modificiren außer seiner Macht stand. Als man aber dazu überging, die Zustimmung der Landesvertretung zu diesem System zu verlangen, um ihm dadurch den Schein des Rechtes zu geben, hat der Herzog Friedrich Verwahrung dagegen eingelegt.

Später hat man Dänischer Seits jene Erklärung des Herzogs Christian August von Augustenburg für einen Erbverzicht ausgeben wollen. Wenn sie dieses war, so ging das Erbfolgerecht des Herzogs Christian August schon am 30. December 1852 auf dessen gesetzmäßigen Nachfolger über. Denn es ist unbestritten, daß ein Vater ohne Zustimmung eines Curators nicht einmal für unmündige Kinder auf Staatserbfolgerechte verzichten kann, und es ist noch nie behauptet worden, daß ein Fürst für mündige Kinder einen wirksamen Verzicht zu leisten vermag. War jene Erklärung dagegen kein Erbverzicht, so stand deren Aussteller, wenn er persönlich ein Erbfolgerecht nicht geltend zu machen sich verpflichtet hielt, frei, darauf zu verzichten.

IV. Einwendungen in Betreff des Successionsrechtes auf einzelne Theile.

Es ist dargelegt worden, wie die in Deutschland fast allgemein existirende Erbfolge nach dem Rechte der agnatischen Linealfolge und der Erstgeburt auch das Erbfolgerecht der Herzogthümer ist. Indessen ist für einzelne Theile der Herzogthümer eine ausnahmsweise Succession behauptet worden. Man hat sich darauf berufen, daß deren Wiedervereinigung mit dem ursprünglichen Besitze der älteren Königlichen Linie in der Weise erfolgt sei, daß nach dem Aussterben derselben eine andere Erbfolge eintreten könnte.

In Folgendem soll die Art, in welcher die Reunion der einzelnen Theile, für welche eine abweichende Erbfolge behauptet worden ist, bewirkt wurde, kurz erörtert werden.

1. Gottorfischer Antheil von Schleswig. [48])

Während des nordischen Krieges entsetzte im Jahre 1713 der König-Herzog Friedrich IV. den Gottorfischen Herzog Carl Friedrich der Mitregierung am Herzogthum Schleswig und erklärte sich für den alleinigen Landesherrn desselben.

Durch Patent vom 22. August 1721 [49]) forderte der König die Huldigung von den bisher gemeinschaftlichen und privativen Gottorfischen Unterthanen und erklärte, daß er entschlossen sei, den Gottorfischen Antheil mit dem Königlichen zu vereinigen und zu incorporiren. Die Huldigung wurde dem Könige als nunmehrigem alleinigem souverainen Landesherrn und den Königlichen Erbsuccessoren in der Regierung secundum tenorem Legis Regiae geleistet.

Dieser Act konnte erst durch die Anerkennung Seitens der entsetzten Gottorfer eine rechtliche Bedeutung erhalten. Diese Anerkennung ist erfolgt. Zunächst erfolgte dieselbe durch den definitiven Tractat, welcher unterm 25. April 1750 [50]) zwischen dem Könige von Dänemark und dem Thronfolger von Schweden, Adolf Friedrich, Repräsentanten der Schwedischen Linie des Gottorfischen Hauses, geschlossen wurde und ausdrücklich die agnatische Erbfolge des Herzogthums Schleswig stipulirte.

Es folgten Verhandlungen mit der Russischen Linie des Gottorfischen Hauses, welche zunächst am 21. April 1767 zu einem provisorischen Tractate [51]) führten. Dieselben erhielten bald darauf ihren wesentlichen Abschluß durch den definitiven Tractat vom 1. Juni 1773 [52]) zwischen dem Könige von Dänemark und dem Großfürsten Paul, als Repräsentanten der Russischen Linie des Gottorfischen Hauses. In der dem provisorischen Tractate gemäß ausgestellten Verzichtsacte [53]) entsagte der Großfürst

> „allen an das Herzogthum Schleswig und in specie auf den vormaligen Fürstlichen Antheil desselben — bisher gehabten oder daran zu formirenden Eigenthums und andere Rechten, Forderungen, An- und Zusprüchen, sie mögen Namen haben, wie sie wollen."

Er fügte hinzu:

> „und wollen solchem nach . . . . . , daß Ihro Königliche Majestät zu

Dännemark, Norwegen und Dero Königliche Cronerben vorgedachtes Herzogthum Schleswig ganz mit allen Zubehörungen . . . . ferner und zu ewigen Zeiten eigenthümlich besitzen mögen."

Die jüngere Linie des Gottorfischen Hauses trat diesen Verträgen bei. Der Stammvater derselben, Herzog Peter Friedrich Ludwig, erkannte in besonderen Akten vom 9. November 1773 ³⁴) und vom 8. August 1777 ³⁵) die Stipulationen des provisorischen Tractats vom 21. April 1767 an, durch welchen jene Verzichtsakte über Schleswig festgestellt war. Derselbe spricht in denselben seine Verpflichtung aus, „besonders für Uns, Unsere Erben und Descendenten auf die Herzogthümer Schleswig und Holstein, insoweit solche dem regierenden Hause zugehöret und in Zukunft nach der Successionsordnung Uns ein Recht daran zukommen können, eine förmliche Renunciation zu beschaffen" und verzichtet „für Uns, Unsere Erben und Descendenten ausdrücklich allen Ansprüchen, Gerechtsamen und Prätentionen, welche Uns, Unseren Erben und Descendenten an dem von denen fürstlichen Vorfahren des regierenden Schleswig-Holstein-Gottorpischen Hauses vormals besessenen Antheil des Herzogthums Schleswig . . . . . über kurz oder lang, auf irgend einige Weise hätten zufallen, und daran rege gemacht werden können, und sollen solche zu ewigen Tagen erloschen und getilget bleiben."

Es ist bekannt, daß der Sinn des Großfürstlichen Verzichtes zu einem lebhaften Streit Anlaß gegeben hat, indem die Behauptung aufgestellt worden ist, daß der Gottorfische Antheil von Schleswig dadurch der Erbfolge der Dänischen Weiberstämme unterworfen worden sei. Indessen würde hierzu die Zustimmung der Schleswig-Holsteinischen Stände und Agnaten nothwendig gewesen sein und ferner liegt offen vor, daß im Jahre 1721 der Gottorfische Antheil von Schleswig nicht mit dem Königreiche Dänemark, sondern mit dem Königlichen Antheile des Herzogthums vereinigt wurde, und dadurch die Erbfolge desselben annahm. Die Worte des Huldigungseides sind oft auf das Dänische Königsgesetz bezogen. Es wurde indeß damals zwischen einer Lex Regia Danica und einer Lex Regia Schlesvico-Holsatica unterschieden, unter welcher letzteren das Primogeniturstatut der älteren Königlichen Linie von 1650 verstanden ward, so daß die Huldigenden bei der ihnen abgeforderten „gebührenden" Erbhuldigung zunächst an dieses denken mußten. Auf eine etwa beabsichtigte Zweideutigkeit kann dabei Nichts ankommen. Ueberdies ist später noch in dem Vertrage mit dem Thronfolger von Schweden, Adolf Friedrich, von Seiten des Königs von Dänemark und auch sonst die agnatische Erbfolge für Schleswig ausdrücklich anerkannt worden.

Die Verträge von 1773 enthalten nur eine rechtliche Bestätigung der Vorgänge von 1721. In der Verzichtsacte des Großfürsten ist unzweifelhaft ein Verzicht auf das Herzogthum Schleswig ausgesprochen. Was den außerdem darin enthaltenen Ausdruck der Willenserklärung betrifft, daß die „Königlichen Kronerben" in Schleswig succediren sollen, so braucht hier auf die Erörterung des Sprachgebrauches in Betreff jener Wörter nicht eingegangen zu werden. Denn keinenfalls konnte der Großfürst auf durchaus Unberechtigte Erbfolgerechte übertragen. Hierzu hätte es der Einwilligung der Stände und der Agnaten bedurft und es ist nie ein Versuch gemacht, eine solche Einwilligung zu erlangen.

Auch in dieser Beziehung hat übrigens nach dem Zustandekommen des

Londoner Tractates von 1852 die Dänische Regierung das richtige Verhältniß anerkannt. Der Premierminister Oersted erklärte in der Sitzung des Dänischen Reichstages vom 7. April 1853 [56]) mit der Beziehung auf die Tractate von 1767 und 1773:

> „Dagegen wird mit Rücksicht auf das Erbrecht an Schleswig gesagt,
> daß dasselbe an den König von Dänemark und dessen Thronerben abge-
> treten sei; es wird auch schwierig sein, daraus irgend eine Uebertragung
> auch auf die weibliche Linie abzuleiten."

Im Warschauer Protokoll vom 5. Juni 1851 hat Rußland die Unbedingt-
heit des von dem Großfürsten Paul geleisteten Verzichtes auf das Herzogthum Schleswig im Allgemeinen, wie auf den fürstlichen Theil dieses Herzogthums im Besonderen in der Weise anerkannt, daß die Russische Linie des Gottorfischen Hauses nach
dem Aussterben des Dänischen Mannsstammes überhaupt keine Ansprüche auf
dasselbe zu erheben habe. Hierin trifft die Meinung des Warschauer Protokolls
mit der des Verzichtes des Großfürsten Paul auf Schleswig unzweifelhaft überein.
Dieser Verzicht und das Warschauer Protokoll machen es unmöglich, der Russischen
Linie gegenwärtig irgend eine Succession in Schleswig zu vindiciren.

Der Herzogliche Antheil des Herzogthums Schleswig hat daher keine
besondere Erbfolge, sondern geht mit dem Königlichen Antheile, welchem derselbe
incorporirt worden ist, von der älteren auf die jüngere Königliche Linie über.

2. Gottorfischer Antheil des Herzogthums Holstein.

Die Verträge von 1767 und 1773 bezogen sich nicht nur auf Schleswig,
sondern auch auf den Großfürstlichen Antheil an Holstein.

Es ist für die Beurtheilung dieser letzteren Beziehung nothwendig, eine
kurze Darlegung des Erbfolgerechts der Grafschaften Oldenburg und Delmenhorst
voranzuschicken.

I. Die Grafschaften Oldenburg und Delmenhorst. [57])

Die Grafschaften Oldenburg und Delmenhorst waren zu der Zeit, als
Christian I. die Herzogthümer Schleswig und Holstein erwarb, als alte Reichs-
mannlehen im Besitze desselben und zweier jüngerer Brüder. Christian I. trat seine
Rechte an seine Brüder ab, behielt sich und seinen Erben indeß das Successionsrecht
an den Grafschaften vor. [58]) Des jüngsten Bruders Moritz einziger Sohn starb
früh, der Mannsstamm des zweiten Bruders, des Grafen Gerhard, erlosch im Jahre
1667. Der Kaiser hatte durch eine Urkunde vom 4. November 1570 [59]) bereits
den Anspruch des Geblütsrechtes der Descendenten Christian I. auf die 1460 vor-
behaltene Succession in die Grafschaften gegen König Friedrich II. und Herzog
Adolf von Gottorf anerkannt. Durch diese Urkunde versprach er, denselben als den
nächsten Agnaten, denen ohne das von Rechts- und Billigkeitswegen in den Grafschaften Oldenburg und Delmenhorst zu succediren gebührte, auf den Fall des Erlöschens des Gräflich-Oldenburgischen Mannsstammes die Belehnung mit den beiden
Grafschaften zu ertheilen. Die Rechtsanerkennung, welche dem auch ohnehin
begründeten Agnationsrechte durch die Kaiserliche Verschreibung zu Theil ward,
wurde auf Maß und Weise, wie sie den beiden anderen Linien des Oldenburgischen
Gesammthauses, der älteren Königlichen und der Gottorfischen Linie, 1570 gegeben

war, im Jahre 1642 durch eine Urkunde, welche uneigentlich Erpectanzbrief genannt wird, auf die Herzöge der jüngeren Königlichen Linie und deren eheliche Leibes-Lehenserben ausgedehnt. ⁶⁰)

Beim Tode des letzten Grafen von Oldenburg und Delmenhorst entstand zwischen dem Herzoge von Sonderburg-Plön, als dem nächsten Erbfolger, auf der einen Seite und dem Könige von Dänemark, sowie dem Herzoge von Gottorf, die sich in den Besitz der Grafschaften gesetzt hatten, auf der anderen Seite, vor dem Reichshofrath ein Rechtsstreit.

Es handelte sich dabei vorzüglich darum, ob die Grafschaften als altväterliche Lehen des Holsteinischen Hauses zu betrachten seien, oder ob ein Lehnbrief, welcher nach länger unterlassener Lehensempfängniß im Jahre 1531 eine Lehenserneuerung aussprach ⁶¹), als der erste Lehnbrief zu betrachten sei, mithin im Jahre 1531 die Verleihung eines Neu-Lehns, nicht aber eine Lehnserneuerung stattgefunden habe. Die Altväterlichkeit des Lehens wurde von Sonderburgischer, das Gegentheil von Gottorfischer und anfänglich auch von Königlich-Dänischer Seite behauptet.

Der König, dem Erfolge mißtrauend, verglich sich 1671 mit dem Herzoge von Plön in der Weise, daß ihm und seinem Mannsstamme die eine Hälfte der Grafschaften gegen Aequivalente cedirt wurde; der Herzog von Gottorff setzte den Proceß fort. Die Definitivsentenz des Reichshofraths von 20. Juli 1673 ⁶²) ging davon aus, daß die Grafschaften altväterliche Lehen seien, daß mithin 1531 nur eine Lehnserneuerung stattgefunden habe und die Anerkennung des von Christian I. vorbehaltenen Successionsrechtes auf Grund der Abstammung von Dietrich dem Glücklichen, dem Stammvater des gesammten Oldenburgischen Hauses, als der Gegenstand der Kaiserlichen Urkunden von 1570 und 1642 zu betrachten sei. Von diesem Gesichtspunkte aus erklärte jene Sentenz, daß den Söhnen und Erben des inzwischen gestorbenen Herzogs von Plön die Lehnfolge in beiden Grafschaften gebühre, und daß sie denselben adjudiciret werde. Der Herzog von Plön wurde durch Reichsexecution in den Besitz der Grafschaften eingesetzt und trat darauf gegen Aequivalente auch die zweite Hälfte der Grafschaften an den König und dessen Mannsstamm ab. Der Herzog von Gottorf erkannte 1681 durch Vergleich das Geschehene an.

Die Grafschaften waren demnach mit dem Tode des letzten Grafen Anton Günther ein Besitzthum der jüngeren Königlichen Linie geworden und mußten, nach dem Grundsatze des Vorzuges der näheren Linie, zunächst in dem Sonderburgischen Hause vererben, demnach der älteren Königlichen Linie, endlich der Gottorfer anfallen. Durch die Cession der Grafschaften an die ältere Königliche Linie trat hierin nur die Aenderung ein, daß diese der jüngeren vorzugehen hatte.

Dieser auf bekannten Rechtsgrundsätzen beruhende Vorzug der jüngeren Königlichen Linie ist sowohl in den Verträgen der Herzöge von Plön mit der älteren Königlichen Linie, namentlich in der Cessionsacte vom 22. Juni 1676 ⁶³), anerkannt, als auch in dem Vertrage zwischen dem Herzoge von Plön und dem Herzoge von Gottorf vom 16. April 1681. Die Verträge mit der jetzt ausgestorbenen älteren Königlichen Linie, von welchen die hauptsächlichen von dem Herzog von Plön „vor sich und respective in Vollmacht aller Seiner Herren Vettern, Herzogen zu

Schleswig-Holstein ꝛc. gesammter Fürstlich-Sonderburgischer Linien", geschlossen sind, können hier übergangen werden. Dagegen ist der Vertrag mit dem Herzog von Gottorf von unmittelbarem Interesse.

In diesem Vertrage ⁶⁴) wird ausgesprochen:

„Dahingegen renunciiren Ihre Fürstliche Durchlauchtigkeit zu Holstein Gottorf .... allen Praetensionibus .... immaßen hochgemelte Ihre Fürstliche Durchlauchtigkeit zu Holstein Gottorff, Dero Erben und ganzes Fürstliches Haus, an besagte beeden Graffschafften und deren incorporirten Landen, in specie den Weser Zoll sambt Stadt- und Buttjadinger-Land mit eingeschlossen, kein weiteres Recht, aus was Grund es auch sein könne, praetendiren wolle; es sei dann, daß nach Abgang der Königl., auch Fürstl. Holstein Plönischer und angehöriger Agnaten Männlicher Familie, dem Fürstl. Hause Holstein Gottorff die Succession an den Graffschafften und deren incorporirten Landen, wieder zuwüchse; auf solchen Fall soll und will Hochbemeltes Fürstliches Haus an seinen Juribus, durch diesen Vergleich in keine Wege verkürtzet seyn."

Hiernach hat das Gottorfische Haus selbst anerkannt, daß für den Fall des Erlöschens des Dänischen Mannsstammes nach Aussterben des Plönischen Hauses die zugehörigen Agnaten desselben, jetzt nur noch die Augustenburger und Glücksburger Linien, in den Grafschaften zu folgen haben.

II. Der Austausch des Großfürstlichen Antheiles von Holstein gegen Oldenburg-Delmenhorst. ⁶⁵)

Der Besitz der Grafschaften Oldenburg und Delmenhorst gab der älteren Königlichen Linie die Möglichkeit, den Großfürstlichen Antheil von Holstein mit dem übrigen Herzogthume Holstein wieder zu vereinigen.

Schon in dem Definitivtractat vom 25. April 1750 ⁶⁶) hatte der Thronfolger von Schweden, Repräsentant der zweiten Gottorfischen Linie, dem König Friedrich V. auf den Fall der Succession dieser Linie das Großfürstliche Holstein gegen die Grafschaften Oldenburg und Delmenhorst als künftiges Aequivalent cedirt.

In den Verträgen mit der ersten und dritten Gottorfischen Linie, von denen jene im Besitze des Großfürstlichen Holstein war, wurde 1767 und 1773 derselbe Austausch vereinbart und demnach vollzogen.

Der Artikel 10 des provisorischen ⁶⁷) und Artikel 5 des definitiven ⁶⁸) Vertrages bestimmt ganz allgemein, daß, um alle ferneren Differenzen soviel nach aller menschlichen Vorsicht möglich, in dem Allerdurchlauchtigsten Oldenburgischen Hause aufzuheben, als das einzige wahre Mittel zur beständigen Erhaltung eines guten Einvernehmens, in der nachher weiter bestimmten Maße der Großfürstliche Antheil an das Herzogthum Holstein gegen die beiden Grafschaften Oldenburg und Delmenhorst wirklich ausgetauscht werden solle.

In dem Artikel 28 des provisorischen und Artikel 12 des definitiven Tractates wird alsdann bestimmt, daß die Grafschaften gänzlich in die Stelle des Großfürstlichen Antheiles von Holstein, insbesondere rücksichtlich der Successionsordnung treten sollen, und ferner im Artikel 12 des Definitivvertrags, daß die von seyn, folglich weder Wir, noch Unsers Herrn Bruders Liebden, noch Unsere beyderseitige Leibes-Lehenserben besagter Landesantheile und Lehen-Districte wegen, künftig ein weiteres Recht, Praetension, An- oder Zuspruch haben, Höchstgedachte Ihro Königl. Maytt. hingegen, und Dero jedesmahlige Königliche Erb-Successores nach Ihnen, vollkommen berechtiget und befugt seyn sollen, bei Existens des Ploenischen, oder auch des Glücksburgischen Stammfalls, Unser und Unsers Fürstlichen Hauses Successions-Recht, es möge sodann solches auf alle zum Fall gekommene Landestheile und Feudal-Districte, oder nur auf einen Theil derselben sich erstrecken, an Unserer Statt zu gebrauchen und auszuführen."

Einem constanten Sprachgebrauche zufolge wurde unter dem Ausdrucke „Königliche Erbsuccessoren" oder „Nachfolger", wenn er in den Herzogthümern gebraucht wurde, von der regierenden Linie der Mannsstamm derselben verstanden, wie dies bei der Mannlehnsqualität Holsteins nicht anders möglich war. Der Consens des Herzogs Friedrich Christian bezieht sich überdies ausdrücklich nur auf den bevorstehenden, im Jahre 1761 wirklich eingetretenen Erbfolgefall, geht aber keineswegs auf den Fall des Erlöschens der älteren Königlichen Linie selbst.

Ueber diesen Fall ist Nichts bestimmt, und es tritt daher auch für Plön das regelmäßige Recht ein. Die Königliche Verordnung vom 27. August 1762 erklärte die Plönischen Lande als „mit dem Herzogthum Holstein Königlichen Antheils hinwiederum consolidirt." Die Kaiserliche Confirmation des Erbvertrages vom 5. März 1761 erklärte, damit übereinstimmend, daß der König jenen Erbvertrag „als Herzog zu Holstein" geschlossen habe. [75]) Es zeigt sich nirgends die Absicht, den weiblichen Linien ein Erbfolgerecht einzuräumen und einen Theil des Herzogthums Holstein rechtswidrig zu einem Weiberlehen zu machen.

4. Der vormals Schauenburgische Antheil von Holstein (Pinneberg und Rantzau). [76])

Die Herrschaft Pinneberg und die Grafschaft Rantzau, welche erst im Jahre 1649 von einander getrennt wurden, waren von Alters her Theile des Holsteinischen Lehens. Sie waren im Besitze einer Linie des Schauenburgischen, früher ganz Holstein beherrschenden Hauses, welche mit ihren nördlich der Elbe belegenen Besitzungen im Jahre 1460 in ein Schutzverhältniß zu Christian I. und dessen Nachfolgern trat. Dieselbe starb im Jahre 1640 aus. Der König Christian IV. und der Herzog Friedrich III. von Gottorf nahmen das Pinnebergische als Theil des Holsteinischen Lehens auf Rechtsgrund des Kieler Vertrages vom Jahre 1390, der Verträge von 1460 und der Holsteinischen Lehnbriefe in Besitz und theilten die Herrschaft so, daß der Herzog von Gottorf das Amt Barmstedt (später Grafschaft Rantzau), der König die Herrschaft Pinneberg und Altona erhielt.

Gegen die Ansprüche der jüngeren Königlichen Linie u. A. vorwendend, daß sie die Herrschaft als Allode von der Mutter des letzten Grafen erworben hätten, errichteten sie am 16. Mai 1641 einen Vertrag, durch welchen bestimmt wurde, daß mit Erlöschen der Mannsstämme des einen, die des anderen Theiles in den erledigten Theil von Pinneberg succediren sollten.

Dieser Vertrag wurde indessen im Jahre 1650 freiwillig von Christian IV. und Friedrich III. cassirt. Die eventuellen agnatischen Erbrechte der jüngeren Königlichen Linie wurden anerkannt, indem bei Veräußerung des Amtes Barmstedt Mitglieder der jüngeren Königlichen Linie um ihren Consens angegangen wurden. Ebenso belehnt der Kaiser die jüngere Königliche Linie wiederholt zur gesammten Hand mit dem Fürstenthum Holstein, „sammt dessen incorporirten Landen Stormarn und Ditmarschen — auch allen und jeden Herrschaften."[77]) Die Herrschaft Pinneberg ist stets als Zubehör des Herzogthums Holstein behandelt worden.

Das Amt Barmstedt ward unterm 28. December 1649 ohne irgend einen Vorbehalt vom Herzog Friedrich III. von Gottorf an den Grafen Christian Rantzau verkauft.[78]) Es wurde zu diesem Verkaufe die Zustimmung von vier Mitgliedern der jüngeren Königlichen Linie ertheilt. Die Vorfahren der Augustenburgischen Linie haben diesen Consens nicht gegeben.

Das vom Kaiser zur Grafschaft Rantzau erhobene Amt Barmstedt fiel mit dem Erlöschen der Linie des Grafen Christian Rantzau am 21. März 1734 dem Könige auf Grund einer Donationsacte vom 10. August 1669[79]) an, welche vom Kaiser Leopold unterm 17. Juli 1671 dahin confirmirt war[80]), daß, für den Fall des Erlöschens der agnatischen Descendenz des Grafen, der König und Seine „Erb-Successores in der Regierung und dero Lehen-Erben" die Nachfolge in der Grafschaft Rantzau haben sollten. Sowohl nach dieser von Seiten der älteren Königlichen Linie acceptirten Confirmation, als auch auf Grund der älteren Pertinenzverhältnisse der Grafschaft, zu deren Aufhebung die Augustenburgische Linie ihre Zustimmung nicht gegeben hat, und nachdem die Grafschaft Rantzau auch später stets als Pertinenz von Holstein anerkannt ist, folgt dieselbe unzweifelhaft dem allgemeinen Erbfolgerechte des Herzogthums Holstein.

Aus dem Vorstehenden ergiebt sich, daß der Herzog Friedrich nach dem Tode Seiner Majestät weiland König-Herzogs Friedrich VII. zur Regierung der Herzogthümer Schleswig-Holstein berufen ist.

45) Warnstedt, a. a. O. S. 54—60.
46) Rigsdagstidende a. a. O. S. 301.
47) Das Schreiben an den König von Dänemark liegt bei.
48) Warnstedt, a. a. O. S. 186—246.
49) Abgedruckt in: Falck a. a. O. S. 276.
50) Abgedruckt in: Falck a. a. O. S. 289.
51) Abgedruckt in: Falck a. a. O. S. 300.
52) Abgedruckt in: Falck a. a. O. S. 338.
53) Abgedruckt in: Falck a. a. O. S. 330.
54) Abgedruckt in: Ostwald a. a. O. S. 279 ff.
55) Abgedruckt in: Ostwald a. a. O. S. 209.
56) Rigsdagstidende 1852/53 S. 608.
57) Näher ausgeführt in: Michelsen, über Schleswig-Holsteinische Staatserbfolge. Gotha 1864.
    Warnstedt, a. a. O. S. 32—37, 145—154.
    Hälschner, a. a. O. S. 21.
58) Die Urkunden vom 8. März 1460 abgedruckt in: Antischleswigholsteinische Fragmente, Heft V. S. 38 und 40.
59) Abgedruckt in: Lünig, Reichs-Archiv, Continuatio II. Fortsetzung 2, S. 39.
60) Abgedruckt ebendaselbst S. 79.
61) Abgedruckt ebendaselbst S. 31.
62) Abgedruckt in: Halem, Geschichte des Herzogthums Oldenburg, 1796. Bd. 3, S. 429 ff.
    Michelsen, a. a. O. S. 20.
63) Abgedruckt in: Ostwald, a. a. O. S. 80.
64) Abgedruckt in: Lünig, Reichsarchiv, Cont. II. Fortsegg. 2, S. 336.
65) Näher ausgeführt in: Warnstedt, a. a. O. S. 37—44; 69—75; 145—154.
    Michelsen a. a. O. S. 30—42.
    Samwer a. a. O. S. 242 ff.
    Hälschner S. 21—26.
    Zachariä, a. a. O. S. 19—20.
66) Abgedruckt in: Falck a. a. O. S. 289 ff.
67) Abgedruckt in: Falck a. a. O. S. 300 ff.
68) Abgedruckt ebendaselbst S. 338 ff.
69) Abgedruckt in: Ostwald a. a. O. S. 168 ff.
70) Abgedruckt in: Ostwald a. a. O. S. 179 ff. und S. 209 ff.
71) Abgedruckt in: Michelsen a. a. O. S. 65.
72) Näher ausgeführt in: Warnstedt a. a. O. S. 127—137.
    Hälschner a. a. O. S. 19.
    Zachariä a. a. O. S. 44—46.
73) Die Kaiserliche Confirmation des Vertrages liegt an im Originale.
74) Ebendaselbst fol. 58.
75) Ebendaselbst fol. 73, a. b., fol. 74.
76) Näher ausgeführt in: Warnstedt a. a. O. S. 101—127.
    Derselbe, das Recht der Erstgeburt in dem Schleswig-Holsteinischen Fürstenhause. Hannover, 1864, S. 105—127.
    Zachariä a. a. O. S. 47—53.
77) z. B. im Lehnbrief vom 13. Februar 1751, abgedruckt in: Ostwald a. a. O. S. 121.
78) Der Contract abgedruckt in: Falck a. a. O. S. 154 ff.
79) Abgedruckt in: Falck a. a. O. S. 193 ff.
80) Ebenda S. 196 ff.

Ausführungen

zur

Nachweisung.

———

Ueber das

Wahlrecht der schleswig-holsteinischen Stände

und

dessen Ersetzung durch das Recht der Erstgeburt.

Ueberreicht der deutschen Bundesversammlung am 3. November 1864.

---

§ 1. Die Privilegien.

Als Adolf VIII. aus dem Hause Schauenburg im December 1459 starb, war die Erbfolge in Schleswig und Holstein bestritten.

Auf der einen Seite stand als Prätendent Graf Otto II., welcher mit den Besitzungen an der Weser die Herrschaft Pinneberg verband. Er stammte aus einer Linie des Hauses Schauenburg, welche sich im Jahre 1290 abgezweigt hatte. Denn noch mehr, als sonst in deutschen Territorien, hatten die Schauenburger ihre Besitzungen durch Theilungen zersplittert.

Auf der andern Seite standen die Schwestersöhne Adolfs, die Grafen von Oldenburg, Christian, Gerhard und Moritz.

Die Entscheidung ward durch die Stände Schleswig-Holsteins getroffen. Denn „zu allen Zeiten haben die Eingesessenen der deutschen Landschaften einen Einfluß geübt bei der Entscheidung eines Streites über die Herrschaft."

Sie erkannten die 3 Oldenburger Brüder „von Geburt wegen als die nächsten Erben"[1]) an und wählten unter ihnen Christian I. zum Herrn von Schleswig-Holstein.

Schon zu Ripen, am Orte der Wahl, am 5. März und als Christian dann nach Holstein kam, zu Kiel am 4. April 1460 stellte er jene beiden Urkunden aus, welche seitdem die verbriefte Grundlage des schleswig-holsteinischen Staatsrechts gebildet haben.

---

¹) Wortlaut des ersten Privilegs von 1460.

Die Umstände, welche ihnen die Entstehung gaben, bewirkten es, daß die Privilegien, wie sie die Untheilbarkeit der beiden Länder verbürgen sollten, so die Successionsordnung in unanfechtbarer Weise zu regeln versuchten.

Die entscheidenden Bestimmungen sind:

Aus der Privilegienconfirmation Mittwoch nach Invocavit:

Vurder bekenne wy und stan to, na deme dat wy mid sampt unsen leven broderen heren Mauriciusse unde Gerde groven to Oldenborch u. Delmenhorst van bord wegenn de negeste erve na dode unses seligen ohmes hern Alffves vorgen. to densulven landen sin dat wy to densulven landen gekoren sind to enem hern also vorgeschr. is nicht alse eyn koningh to Dennemarken, men umme gunst de de inwoner desser lande to unser personen hebben nicht to ervende desse land jenigem van unsen kindenn edder frunden; men na unseme levende, alse wy nu van vrijhen willen gekoren sind to dessen landen van den inwanen erben.,

So mogen se und ere nakomelinge, also dicke alse desse land los worden, beholden eren kore, to kesende den to eneme hern enen van unsen kindern, efft der nen were, dat god affkere, to kesende enen van unsen „rechten" erven;

De denne koren werd, alse vorgescr. steid, de schal sine lehne eschen und ent fan van sinen lenheren, dar se aff to lehne gan, u. don alse sik van rechte bort.

Aus der tapfern Verbesserung der Privilegien:

Item offt wy edder unse kinder und erve affgingen und nicht mehr wan enen sone levendich na uns lete, de de koningk to Dennemarken wer, alsdenne mogen de inwoner desser lande beholden eren vrijhen kore, densulven koningk to enen hertugen to Sleswik und greven to Holsten und Stormern to kesende und alsdenne schal he plichtich wesen alle article und privilegien, dede wy den vorgen. landen und inwonern gegeven und besegelt hebben, bi alle erer crafft uppe id nye to bevestigende, bestetigende, vorbeterende und to beswerende. Wo he ok sulkes nicht angan wolde, alsdenne scholen de vorgen. inwanern unvorplichtet syn densulven koningh to ereme hern to kesende, men so scholen se dar negest enen unsen „negesten" erven kesen to erem heren.

Aus diesen Bestimmungen ergeben sich folgende Sätze:

1) Es ist das Lehnsverhältniß, in welchem Schleswig zu Dänemark, Holstein zu Deutschland stand, ausdrücklich von den Ständen, wie von dem Landesherrn anerkannt. Der Landesherr wird verpflichtet, diejenigen Obliegenheiten, welche das Lehnrecht heischt, zu erfüllen. Der Rechtsgrund für den Erwerb des lehnbaren Landes konnte gegenüber der Lehnsherrlichkeit nicht in die willkürliche Wahl der Stände gelegt werden; er konnte nur und sollte in der Belehnung durch den Lehnsherrn gefunden werden.

Damit aber ist gleichzeitig anerkannt derjenige Einfluß, den das Lehnrecht nothwendig ausübt auf die Succession in ein feudales Land. Es kann dem Rechte nach das Successionsrecht und die Successionsordnung nicht geändert und gebrochen werden durch einseitige Verträge, welche der Vasall ohne Zustimmung des Lehnsherrn und der Agnaten mit Dritten (hier den Landständen) schließt. Eine solche Absicht ist in dem vorliegenden Fall ausdrücklich ausgeschlossen.

2) Die Succession soll allerdings in bestimmter Weise durch das Wahlrecht der Stände normirt sein. Aber dieses Wahlrecht war kein unbeschränktes. Bestimmte Vorschriften sind gegeben, welche die Grenzen seiner Wirksamkeit fest bezeichnen. Neben dem Wahlrecht ist eine Successionsordnung anerkannt und zwar dergestalt:

a) daß gewählt werden soll zunächst unter den „Kindern". Die tapfere Verbesserung bietet die Folge: wy, unse kinder, unse erve. Die Folge von Sohn auf Sohn ist eine nothwendige. Sie ist die des Lehnrechtes.

b) Daß in Ermangelung von Söhnen zu wählen ist unter den „rechten"[1]), unter den „nächsten" Erben. **Hier setzt also die Ausübung des Wahlrechts eine von ihm selbst unabhängige und es selbst bedingende Bestimmung über die Rechtmäßigkeit und über die Nähe des Erbrechtes nothwendig voraus.** Es unterliegt keinem Zweifel, daß das Privileg darunter keine andere Norm als die des Lehnrechtes versteht.

So bestimmt ist das Wahlrecht begrenzt. Selbst wenn nur ein Sohn vorhanden ist, sind die Landstände verpflichtet, denselben zum Herrn anzunehmen. Nur dann, wenn er einmal König von Dänemark ist und sodann sich weigert, die Privilegien zu bestätigen, mögen sie über ihn weg zu dem nächsten Erben greifen. Aber auch hier wird man mit Recht eine Durchbrechung der Successionsordnung nicht finden. Vielmehr ist das Tragen der dänischen Krone verbunden mit der Weigerung der Privilegienbestätigung als **Successions-Unfähigkeitsgrund** zu betrachten.

3) Das Wahlrecht bewegt sich innerhalb der Successionsordnung des Lehnrechtes.

Aber die damalige Praxis ließ es zu, daß diejenigen, welche gleich nahe Erben zu dem Lehn waren, dasselbe wie ein gewöhnliches Erbstück unter sich theilten. Gegen diese Praxis wendet sich das Wahlrecht. Das ist seine juristische Function, daß es unter mehren, welche nach Lehnrecht als **gleichberechtigt**, als **die rechten und nächsten Erben** angesehen wurden, Einen zum Landesherrn bestimmt. Es wahrt die Individualsuccession innerhalb der Successionsordnung des Lehnrechtes. Das Wahlrecht war die constitutionelle Garantie für: „dat se bliven ewich tosamende ungedelt"; es war aber nicht seine Tendenz, die Lehnsfolge zu beseitigen, oder auch nur ihre Ordnung zu stören.

Eine solche Bestimmung widersprach keineswegs den Grundsätzen des Lehnrechts in ihrer ursprünglichen und reinen Gestaltung.

Nach älterem Recht brauchte der Lehnsherr selbst bei Privatlehn nicht mehr als Einen Vasallen unter mehren Söhnen anzunehmen. Diesen stand die Befugniß zu, hierüber sich zu vertragen und dem Herrn den Erwählten zur Belehnung zu präsentiren.[2])

---

[1]) Rechter Erbe ist in der deutschen Rechtssprache überall gleich: **gesetzlicher Erbe**.
[2]) Sächsisches Lehnrecht (ed. Homeyer) art. 29. § 2.

Nach den Vorschriften der Reichsgesetze ferner sollten Herzogthümer, Marken und Grafschaften untheilbar sein.¹) Auch hiebei wurde den Verträgen der Reichsvasallen Raum gegeben und eine Einwirkung der Stände auf die Erhaltung der Landeseinheit ist in einer großen Reihe deutscher Territorien als berechtigt anerkannt worden.²)

Daß die Auffassung des Wahlrechtes, wie sie in dieser Beschränkung hier aus den Worten der Privilegien entwickelt worden ist, die Auffassung der damaligen Zeit und der Betheiligten selbst war, dafür sprechen in schlagender Weise folgende zwei Urkunden:

1) Urkunde König Christians I. vom 1. November 1466.³) —
So alse de lande Schlesswiik, Holsten und Stormaren na dode — heren Alffues — an unss unde an unse broder erfflicken gestorven, unde wii mit vulbort unde willen dersulven unnser leven broder van den rederen unde inwoneren der sulven lande to enen heren gekoren sint, so dat wii dewile wii leven unde „eyn" unser kinder na unsen dode, unde efft der nen an unsen dode en were — denne „eyn" unser rechten erven ere here wesen unde bliven scholen, so hebben wii — unsen leven broder heren Gherde greven to Oldenborg unde Delmenhorst, sinen kinderen unde rechten erven, na unsem unser kinder unde rechten orven dode — de vorbn. lande — gegunnet unde togelaten tho ervende unde errfliken to beholdende, unde alss denn sick nemandt anders — sonder de erben unse leve broder sine kinder unde rechten erven mid den vorbn. unsen landen in jenigerley mathe schal bekumeren —.

2) Am Dienstag vor Pfingsten 1466⁴) schlossen die dänischen Reichsräthe und schleswig-holsteinischen Räthe die von Christian I. bestätigte Union wegen der künftigen Regentenwahl. Sie bereden: falls Christian nur Einen Sohn hinterließe und dieser die Privilegien bestätigte, denselben als gemeinschaftlichen Landesherrn anzuerkennen. Für den Fall aber, daß mehrere Söhne überlebten oder alle stürben, sollte die Wahl in beiden Ländern erst nach vorgängiger Verabredung stattfinden. Auf jeden Fall soll aber der Landesherr „plichtig wesen de lehnwahre des hertochdomes van dem koninge to Dennemarken, alse oldinges recht unde wantlik gewesen hefft, to entfangende" und er soll alle Privilegien bestätigen —

doch desse bref unde voreninge in allen synen articulen in aller mate unvorkrenkt to blivende unde unse gnedige here vorgenante rechten erven, effte iemande in synem rechten errftale ok nergens ane schedeliken effte unvorstriklik to wesende.

Die erste Urkunde beweist, wie man von Seiten des Landesherrn die Wahlgerechtigkeit wesentlich als die praktische Handhabe für die Individualsucces-

---

¹) Lib. feudorum II., 55.
²) Eine Ueberficht der wichtigsten Beispiele bei v. Warnstedt das Recht der Erstgeburt, pag. 43 ff.
³) Nordalbingische Studien III. pag. 288.
⁴) Fald Urkundenbuch (d. i. Sammlung der wichtigsten Urkunden. Kiel 1847.), pag. 26.

sion auffaßt. Die zweite Urkunde zeigt, wie die Wahlberechtigten selbst die Gültigkeit des Erbrechts nach Lehnrecht und diejenige Beschränkung des Wahlrechtes, welche eine Verletzung der Erbberechtigten ausschließt, anerkannten.

§ 2. Die Ausübung des Wahlrechtes von Christians I. Tode bis zum Jahre 1616.

Jede Verbindung des Wahlrechtes mit der Monarchie führt entweder zur Herrschaft einer mächtigen Aristokratie oder sie setzt sich in Erblichkeit um. Der Kampf der verschiedenen Elemente war auch in Schleswig-Holstein unvermeidlich. Schon nach dem Tode Christians I. († 1481) beginnt die Entwickelung. Der Vater hatte angeordnet, daß sein ältester Sohn Johann die Königreiche, der jüngere noch unmündige Friedrich die Herzogthümer erhalten sollte. Königin Dorothea verwandte sich in diesem Sinne bei den Ständen. Allein Johann erhob Widerspruch, er bestritt das Wahlrecht bereits jetzt. Die Stände wichen, sie „nahmen" die beiden Brüder „zu Herzögen auf" und begnügten sich mit der Clausel in der Privilegienbestätigung: „Doch ihren Privilegien unverfänglich."[1])

Die Folge war die erste Theilung der Herzogthümer, welche die beiden Brüder „als hertogen und **erfgebahren herrn derselven lande**" 1490 vornahmen.[2]) Nur das, was sich auf die Rechte und Stellung der Stände bezog, blieb gemeinschaftlich. Im Uebrigen erhielt König Johann den Segeberger, Herzog Friedrich den Gottorfer Theil mit allen Hoheitsrechten; und zwar ein islich by sinen part „**erfliken**" tho ewigen tyden tho blivende. Daher ergreift Christian II. nach dem Tode seines Vaters Johann († 1513) sofort die Regierung seines Antheils und empfängt die Lehn ohne jede vorgängige Wahl. In der Bestätigung der Privilegien von 1513 aber (und alle Privilegienbestätigungen wurden zwischen Landesherren und Ständen vereinbart) sagen Christian II. und Friedrich:

„alsdenne de furstendome Slezswigk Holstern und Stormarn durch den doth unszer sseligenn herrn und veder — **an uns vorervet und gefallen syn**."[3])

Die Revolution, welche Christian II. 1523 seines Thrones beraubte, bewirkte auf kurze Zeit eine Wiedervereinigung der Herzogthümer unter Friedrich I. Sein Tod ließ das Wahlrecht nicht hervortreten. Auf dem Kieler Landtage von 1533 fordert der älteste Sohn Christian III. für sich und seine drei unmündigen Brüder „dewyle denne er f. g. myt er f. g. leven broderen — **der lande und furstendome rechte und behaclike erve syn**"[4]) die Erbhuldigung.

---

[1]) Priv. (d. i. Jensen und Hegewisch, Privilegien der Schleswig-Holsteinischen Ritterschaft. Kiel 1797) pag. 88.
[2]) Falck Urkb. pag. 30.
[3]) Priv. pag. 105.
[4]) Die Verhandlungen des Landtages bei Michelsen Archiv f. Staats- und Kirchengeschichte IV, pag. 488 ff.

Sie wird ihnen unweigerlich gewährt. Und auch hier enthält die Bestätigung der Privilegien die Worte:

"nach deme — de furstendome — an uns u. unse unmundige brodere geervet u. gevallen syn."[1])

Mit der Mündigkeit der Brüder trat eine neue Theilung ein 1544. Nachdem der jüngste Herzog Friedrich zu Gunsten seiner Brüder verzichtet hatte, erhielt Christian III. das Hauptschloß Sonderburg, Johann d. Ä. Habersleben, Adolf Gottorf, ein jedes Hauptschloß mit den dazu gelegten Aemtern und Landschaften. Unter gemeinschaftlicher Regierung verblieben nur die Districte der Ritterschaft, Klöster und Städte, sowie die Hauptzollstätten.

Es hatte nach den bisherigen Vorgängen den Anschein, als sollte die theilende Praxis des Lehnrechtes das verbriefte Landesrecht der Wahl und Untheilbarkeit ganz beseitigen. Doch es trat noch einmal eine neue Wendung ein.

Christian III. starb 1559 und hinterließ 3 Söhne. Nur Friedrich II. war mündig und so ergriff zunächst er allein ohne jede Mitwirkung der Stände die Regierung. Der eine Bruder Magnus erwarb die Stifter Oesel und Reval und cedirte dafür seine Erbansprüche an den König. Als aber der jüngste Herzog Johann d. J. zur Mündigkeit gelangte, vertrugen sich die Brüder über eine starke Theilung der „angeerbten" Fürstenthümer, Lande und Herrschaften, bei welcher Johann für seinen dritten Theil Sonderburg, Norburg, Plön empfing.[2])

Es war die bestimmte Absicht der regierenden Herren (Friedrich II. und seiner Onkel Johann d. Ä. und Adolf) auch Johann d. J. die Betheiligung an der gemeinschaftlichen Regierung einzuräumen und demgemäß wurde auf dem Flensburger Landtage 1564 (Octbr.) im Namen der regierenden Herren die Proposition gemacht, sowohl König Friedrich als Johann d. J. zu huldigen.

Den Ständen lag ein gewichtiger Präcedenzfall zur Entscheidung vor. Sie hatten bisher trotz ihres Privilegs und der Stärke des Erbrechts weichend die Söhne des Einen regierenden Herrn ohne Widerspruch zur gemeinschaftlichen Regierung gelangen lassen. Es handelte sich jetzt darum, ob man die Kindesantheile noch weiter zersplittern, ob man auch Kindeskindesantheile zulassen sollte. Dagegen erklärten sich die Stände. Johann d. J. erhielt für diesmal keinen Antheil an der gemeinschaftlichen Regierung.[3])

Diese Entscheidung konnte sich auch nicht ändern, als der dritte regierende Herr Johann der Aeltere 1580 kinderlos starb. Auch jetzt trat Johann d. J. nicht in die gemeinschaftliche Regierung ein. Denn er und sein Bruder Friedrich erhielten an dem Nachlasse des Onkels den väterlichen Antheil, gleichtheilig mit Johanns d. Ä. Bruder Herzog Adolf, und die Theilung, die jene beiden 1582 vornahmen, war nur ein Nachtrag zu der Theilung des väterlichen Nachlasses von 1564, welche eine Aenderung in den einmal getroffenen Anordnungen nicht begründen konnte.

Seitdem hatten nur noch die beiden, der König und der Gottorfer Herzog Antheil am gemeinschaftlichen Regiment, und der einmal angenommene Grundsatz,

---

[1]) Priv. pag. 155.
[2]) Falck Urkb. pag. 60.
[3]) Die Landtagsverhandlungen sind gedruckt bei Hegewisch, Schlesw.-Holst. Geschichte unter Christian IV., I. pag. 477 ff.

weitere Theilungen in diesen Antheilen nicht zuzulassen, ist in der Folge überall festgehalten worden. Aber es hat mannigfache Kämpfe in beiden Linien gekostet, bevor dieser Grundsatz allgemeine Anerkennung fand.

In der Königlichen Linie hinterließ Friedrich II. († 1588) 3 unmündige Söhne: Christian IV., Ulrich und Johann. Auf dem Wahllandtage von 1588 verfochten die dänischen Reichsräthe, welche in Gemeinschaft mit der Königin Wittwe die Vormundschaft über den König führten, das freie Wahlrecht der schleswigholsteinischen Stände und so ward Christian, als der älteste unter den Brüdern, ohne jeden Anstand zum regierenden Herzog angenommen. Mit seiner Mündigkeitserklärung erst (1593) erheben sich Schwierigkeiten. Sophie von Mecklenburg hatte zusammen mit den Landräthen auch in den Herzogthümern die Vormundschaft geführt. Sie fordert jetzt in Vormundschaft der noch unmündigen Brüder und für diese die Theilnahme an der gemeinschaftlichen Regierung und sofortige Landestheilung. Auf ihre Klage erläßt der Kaiser ein dahin zielendes Mandat und verweist die streitenden Parteien an die Entscheidung einer besonders niedergesetzten Commission. Hier sind es die Stände, welche auf den Flensburger Landtagen von 1593 und 1594 entschieden für Christian IV. Partei nehmen; sie sprechen sich gegen jede fernere Theilung des gemeinschaftlichen Regiments aus und verwahren die ihnen zustehenden Privilegien.¹) Es ist denn auch gelungen die Ansprüche der Brüder zurückzuweisen. Ulrich erhält das Bisthum Schwerin. Johann cedirt in Veranlassung seiner bevorstehenden Heirath mit der Tochter des Czaren von Moskau den „ihm zukommenden" Antheil in den Herzogthümern an König Christian IV. ²)

Heftiger ist der Kampf in der Gottorfer Linie. Herzog Adolf hatte in seinem Testamente verordnet, daß zwei seiner Söhne, die ältesten, seine Herrschaft theilen und regieren sollten. Als er aber starb (1586) war nur der älteste Friedrich II. mündig. Als solcher ergriff er ohne Wahl die Regierung und ließ sich in den einzelnen Districten huldigen. Sein früher Tod (1587) berief den zweitgebornen Bruder Philipp. Unterstützt von seiner Mutter Christine von Hessen, dem Landgrafen von Hessen und dem Herzog von Mecklenburg tritt er den Ständen auf dem Landtage von 1588 schroff entgegen. Er verneint ihr Wahlrecht und behauptet, daß „Keiner alleinst erkohren und angenommen und die andern präterirt und vorbeigegangen werden können." Demgemäß stellt er seine Proposition auf sofortige Huldigung für die ihm „angestammten und devolvirten" Herzogthümer und sein Bruder Johann Adolf protestirt gegen die Wahl eines Einzelnen. Allein die drohende Haltung der Stände, welche von der Unmündigkeit der Herrschaft und von der ihrer eignen Privilegien gedenkenden dänischen Reichsräthen unterstützt wird, nöthigt Philipp zu unbedingtem Nachgeben. Er muß sich der Wahl und der verlangten Privilegienbestätigung unterwerfen. ³) Nach seinem Tode (1590) gelangt

---

¹) Mehrere Schriftstücke aus den Verhandlungen sind gedruckt bei Lünig, collectio nova II. col. 913 ff. Ein Schreiben Christian IV. in „Erwidrigter Bericht" ꝛc. 1668 Beil. 3. Vollständig sind die Verhandlungen in den Handschriften der Kieler Universitätsbibliothek. S. H. 32. 156. 25.

²) Regesta diplomatica historiae Danicae II. Nr. 4934.

³) S. H. (d. i. Handschrift der Kieler Universitätsbibliothek) 36. v. I. pag. 84 ff.

4

der dritte Bruder Johann Adolf zur Regierung. Er vermeidet den Kampf mit den Ständen, die ihn 1592 annehmen und huldigen. Ihm erwächst an dem jüngsten Bruder Johann Friedrich der Gegner. Obwohl diesem die Bisthümer Lübeck und Bremen eingeräumt worden sind, so erhebt er doch Anspruch auf gleichmäßige Erbtheilung; er stellt Klage an beim deutschen Kaiser und beschwert sich bei König Christian IV. als Lehnsherrn von Schleswig. Johann Adolf ruft hier selbst die Intervention der Stände auf dem Rendsburger Landtage von 1603 an, da es sich um ihre Privilegien handele, und diese beschließen denn auch auf dem Kieler Landtage von 1604 eine Protestation am Kaiserlichen Hofe. In der That gelingt es einer weitern Betheiligung an der gemeinschaftlichen Regierung vorzubeugen, dagegen muß Herzog Johann Adolf im Vergleiche vom 20. Juni 1606 seinem Bruder Johann Friedrich die Städte und Aemter Oldenburg, Neustadt, Tremsbüttel, Steinhorst und die Insel Fehmarn einräumen. [1]

Es hieße sich einer Täuschung hingeben, wenn man in diesen Vorgängen eine nachhaltige Belebung und allseitige Anerkennung des Wahlrechtes der Stände, als eines dem Lehnrechte derogirenden Privilegs wiederfinden würde.

Die Rechtsanschauungen und die Machtverhältnisse der Zeit waren den Ständen nicht günstig. Nur auf dem Landtage von 1588, als die Stände unmündigen Herren gegenüberstehen und als die dänischen Reichsräthe selbst sie anspornen, vermögen sie es trotzig auf ihr Privileg zu pochen. Im übrigen lassen die regierenden Herren das Wahlrecht wesentlich gelten, um die Individualsuccession gegenüber den nachgebornen Prätendenten durchzusetzen. Im Gegentheile wir finden gerade in dieser Zeit, daß im Interesse der Geltung des reinen Lehnrechts dieses Wahlrecht sowohl von den Lehnsherren als auch von den Agnaten nicht nur angefochten, sondern für null und nichtig erklärt wird.

1) Dies gilt zunächst von dem Könige von Dänemark, als Lehnsherrn von Schleswig.

Der Odenseer Vertrag, welcher das Lehnsverhältniß Schleswigs nach langen Streitigkeiten ordnete, hatte ohne jede Rücksicht auf das Wahlrecht festgestellt: daß der König alle jetzt lebenden und künftigen Herzoge zu Holstein des Oldenburgischen Stammes und deren Nachkommen mit Schleswig und Fehmarn, als mit einem **altväterlichen anererbten Fahnenlehn** beleihen solle. [2]

Demgemäß wurden ohne Unterschied an der gemeinschaftlichen Regierung Theilnehmende und nicht Theilnehmende beliehn. So lautet der Lehnbrief, den Christian IV. 1589 für seine eigene Linie ausstellte, für ihn selbst und seine unmündigen Brüder Ulrich und Johann; der gleichzeitige Herzog Philipps auf ihn und seine Brüder Johann Adolf und Johann Friedrich; [3] der Lehnbrief Johann Adolfs von 1591 für ihn selbst und Johann Friedrich. [4]

---

[1] Lackmann, Einleitung zu Schleswig-Holst. Historie 1733. II. pag. 226. Waitz, Schlesw.-Holst. Geschichte II. pag. 437.
[2] Nach dem Original in den Antischlesw.-Holst. Fragmenten IV, pag. 13.
[3] Antischlesw. Fragmente V, pag. 91 ff. und 94 ff.
[4] ibid. pag. 98.

Endlich erhielt Johann d. J. 3 Lehnbriefe 1580, 1582 und 1589 ¹) und ebenso Johann Friedrich einen auf ihn besonders lautenden 1603. ²)

Alle diese Lehnbriefe sind unter einander übereinstimmend; sie lassen die darin Benannten als vollkommen gleichberechtigt erscheinen und sie beziehen sich gleichmäßig anfänglich auf das Herzogthum schlechthin, später auf den von einem Jeden besessenen Antheil und die gesammte Hand über ganz Schleswig und Fehmarn.

Die Stände haben es versucht, hiergegen anzukämpfen. Im Jahre 1603 richten sie an den König eine Protestation gegen die Belehnung Johanns des Jüngeren und Johann Friedrichs. ³) Es laufe dies ihren Privilegien zuwider, welche eine Belehnung erst n a c h geschehener Wahl und allein für die Gewählten zuließen, sie könnten die einmal geschehene Belehnung für die Nichtregierenden auf jeden Fall nur in eventum verstehn. Der König remonstrirte in einer energischen Reprotestation. ⁴) Er berief sich darin auf die Bestimmungen des Odenseer Vertrages, er nimmt die Belehnung auch der Nichtregierenden mit ihrer „e r b l i c h e n a n g e b o r e n e n f ü r s t l i c h e n G e r e c h t i g k e i t a n d e n F ü r s t e n t h ü m e r n" als ein unveräußerliches Kronrecht in Anspruch und erklärt jedes Privileg, welches der Oberhoheit Dänemarks widerspricht, mag es von Alters hergebracht und von Fall zu Fall bestätigt sein, für null, nichtig und unverbindlich. ⁵)

2) Noch abweisender verhielt sich gegenüber den Anforderungen der Stände der deutsche Kaiser, als Lehnsherr von Holstein.

Der erste Kaiserliche Lehnbrief erhob 1474 die Grafschaften Holstein, Stormarn und Dithmarschen zum Herzogthum für Christian I. und ohne jede Rücksicht auf ein Wahlrecht für dessen legitimi successores d. h. für die nach Lehnrecht Erbberechtigten.⁶) Demzufolge werden vom Kaiser nicht nur die an der gemeinschaftlichen Regierung Betheiligten mit dem Herzogthum beliehen. Vielmehr gehn die Lehnbriefe von 1589 und 1621 auf Christian IV. und Herzog Philipp, sowie auf deren unmündige Brüder, auf Herzog Johann Adolf und dessen Bruder Johann Friedrich.⁷) Diesem Johann Friedrich ferner werden separate Lehnbriefe ausgestellt 1608 und 1613. ⁸) Insbesondere aber empfängt Johann d. J. dreimal 1590, 1612 und 1621 die Gesammtbelehnung mit dem Herzogthum. ⁹)

Ein Wahlrecht neben der Belehnung erschien dem Kaiser schlechthin unzu-

---

¹) Die ersten beiden Lehnbriefe in Nordalbing. Studien IV. pag. 276. VI. pag. 314, der letzte liegt uns in alter Copie vor.

²) Antischlesw.-Holst. Fragmente V. pag. 101.

³) Samwer, Staatserbfolge pag. 267.

⁴) Samwer, l. c. pag. 270.

⁵) Eine auf dem Landtage von 1604 beschlossene Erwiderung an den König wurde nicht übergeben. S. Lünig coll. nova II. col. 993.

⁶) Falck Urkdb. pag. 28.

⁷) Antischlesw.-Holst. Fragmente I, pag. 83 ff.

⁸) Lehnbrief K. Rudolfs II. vom 30. Oct. 1608 („nach erreichten vogtbaren Jahren und Alters S. L. — wie hiezuvor S. L. Bruder Herzog Johann Adolf") und K. Mathias vom 10. Juni 1613. (Beglaubigte Copien.)

⁹) Oftwald (d. i. zur Würdigung der Schrift: „Zweite polemische Erörterung über die schlesw.-holst. Staatssuccession. Von Michelsen." II. Urkundliche Beilagen. 1848.) pag. 23 und Vorstellung pro clementissima restit. i. i. (fol. 1710) Beilagen XIII, XIV, XV.

lässig. Als er von den Vorgängen auf dem Landtage von 1588 hörte, erließ er 1590 ein scharfes Mandat gegen die Ritter- und Landschaft Holsteins. Darin wird es als etwas im heiligen Römischen Reiche nie Erhörtes bezeichnet, daß es den Ständen gebühren sollte, ihres Gefallens einen regierenden Herrn zu erwählen. Das sei Rebellion. Das Kaiserliche Amt verpflichte ihn, das Reich und dessen Vasallen bei ihren Rechten und Belehnungen zu schützen, und deshalb gebiete er, den von ihm Belehnten als rechtsnatürlichen **Erbherrn** und **Landesfürsten** ohne Ausflucht die gewöhnliche **Erbhuldigung** zu leisten.¹)

Um seinem Mandate Nachdruck zu geben, betraut der Kaiser gleichzeitig den Herzog Ulrich von Mecklenburg und den Landgrafen Wilhelm von Hessen mit der Comimssion, die holsteinischen Landesherren dahin anzuhalten, daß sie der Ungebühr der Unterthanen steuern und bei der Confirmation der Privilegien dem Recht vom Kaiser und Reich nicht präjudiciren.²)

3) Wie die Lehnsherren, so die Agnaten. Es ist gezeigt, wie Sophie von Mecklenburg als Vormünderin der Brüder Christians IV., wie Johann Adolf gegenüber der Alleinregierung Philipps und Johann Friedrich gegenüber der Alleinregierung Johann Adolfs das Wahlrecht der Stände bestritten und die reine Anwendung der Lehnssuccession forderten.

Dasselbe geschah von Johann d. J. Zu wiederholten Malen hat er auf den Landtagen seine Rechte verwahrt und, als er es aufgab einen Antheil an der gemeinschaftlichen Regierung zu gewinnen, so hat er doch auf Grund seiner Belehnung die Anerkennung als actueller Landesfürst von den Landständen gefordert, indem er Erbhuldigung, Fräuleinsteuer und Gerichtsstand eines Reichsfürsten in allen Rechtssachen für sich in Anspruch nahm. Er führte über diese Punkte einen langjährigen Proceß, welcher die definitive Verurtheilung der Landschaft und die reichsgerichtliche Anerkennung seiner Ansprüche herbeiführte.

So sehn wir alle am Lehnsverhältniß Betheiligten darin einig, daß die Privilegien der Stände der Ordnung des Lehnrechtes nicht derogiren sollen und können. Fand man die Formel, welche innerhalb des Lehnerrechts die durch das Interesse der Landesherren geschützte Individualsuccession verbürgte, so wurde der letzte Schein eines Wahlrechtes vernichtet.

§ 3. Die Begrenzung des Wahlrechtes.

Wie die eben geschilderten Ereignisse den Kampf vor Augen führen, welchen das Wahlrecht der Stände gegenüber den Anforderungen des Lehnrechtes zu bestehen hatte, so zeigen sie auch in klarer Weise die Art und Weise, in welcher man allein unter vielfach veränderten Umständen das Wahlrecht verstand.

Die diesem Wahlrecht, abgesehen von den Bestimmungen der Privilegien, gezogenen Grenzen werden durch folgende Punkte näher bestimmt:

---

¹) Falck Urkbuch pag. 90.
²) S. II. 36 pag. 388 ff.

I.

Wenn die Stände es geschehn ließen, daß mehrere Söhne zur gemeinschaftlichen Regierung gelangten, so präjudicirten sie damit ihrem Wahlrecht nicht bloß für diesen Fall. Jeder der mitregierenden Herzöge war verpflichtet, die Privilegien des Landes zu bestätigen, aber jeder von ihnen durfte auch die Anwendung derselben auf seine Person fordern. Ging das Landesrecht dahin, bei dem Tode des Herzogs unter seinen Söhnen und in Ermangelung solcher unter seinen nächsten Erben zu wählen, so konnte sich dieses Wahlrecht bei mehreren Herzögen nicht dahin erweitern, die Nachkommenschaft auch nur Eines derselben zu überspringen.

In der Annahme mehrerer Söhne lag die Consequenz der Anerkennung mehrerer regierender Linien.

Thatsächlich haben sich die Stände, wenn sie wählten, niemals das Recht beigelegt, willkürlich aus einer Linie in die andere zu springen. Sie haben in der Gottorfischen Linie drei Brüder sich folgen lassen, ohne den König einzuschieben. Sie thaten dies trotz aller Drohungen auch dann nicht, als Herzog Philipp ihre Privilegien auf das Entschiedenste in Frage stellte. Es ist vollkommen unrichtig, einen gegentheiligen Vorgang darin zu finden, daß nach dem Tode Johanns des Aelteren (1580) Johann der Jüngere nicht Antheil an der gemeinschaftlichen Regierung erhielt. Denn die nach gemeinem Lehnrecht gleichberechtigten Erben waren einerseits der Bruder des Verstorbenen und andrerseits seine Bruderkinder und diese beiden Linien waren bereits durch die zwei gemeinschaftlich regierenden Herren (Adolf und Friedrich II.) in der Regierung vertreten.

Aber nicht nur stillschweigend hat jene Consequenz Anerkennung gefunden. Die Landesherren haben sie ausdrücklich für sich in Anspruch genommen.

Kurz nach der Theilung König Johanns und Herzog Friedrichs schlossen dieselben am 14. August 1490 einen Vertrag dahin, daß trotz der Theilung der Herzogthümer kein Theil ohne des andern Einwilligung Bündnisse schließen solle und zwar verpflichteten sie sich für sich und ihre Erben.[1]) Und König Johann stellte unter dem nämlichen Datum eine Urkunde aus, worin er sich, nachdem diese Lande „erflicken" auseinandergesetzt, seinen Bruder Friedrich verpflichtet, dessen Erben und Kinder bei ihrem Antheil, erflicken darby to blivende, zu schützen.[2])

Die Privilegienconfirmationen und Reverse ferner, welche die mehren regierenden Herzöge 1533, 1540, 1544[3]) gemeinschaftlich ausstellten, lauten mit einem gewissen Nachdrucke auf „uns u. unser allersides erven u. nakomelinge."

Insbesondere aber waren es die Stände selbst, welche ihr Wahlrecht nicht anders auffaßten.

Bereits im Jahre 1543 war es die Absicht Christians III. mit seinen Brüdern zu theilen. Die Schleswig-holsteinischen Landräthe riethen aus mannigfachen Ursachen davon ab, aber erst dann vermochten sie den Aufschub zu erlangen, als sie sich dafür verbürgten, daß im Falle des Todes des Königs seinen Kindern

---
[1]) Regesta hist. Danicae I. Nr. 4, 922.
[2]) Waitz, Quellensammlung pag. 57.
[3]) Priv. pag. 151, 168, 173, 175, 182, 183, 186.

an den „Fürstenthümern u. Erblanden" der gleiche Theil, wie den Brüdern des Königs gesichert sein sollte.¹) — Man mochte sich dieses Versprechens noch erinnern, als im Jahre 1564 Friedrich II., der Sohn Christians III., seinen Bruder Johann d. J. nach geschehener brüderlicher Theilung den Ständen zur Aufnahme in die gemeinschaftliche Regierung präsentirte. Denn unter Anführung von vielerlei Gründen verband die Landschaft die Weigerung Johann d. J. zu huldigen mit der Bitte, wegen des „dithmal" verweigerten Eides gnädigst zu entschuldigen.²) Die Privilegienbestätigung wiederholt ausdrücklich die gebrauchten Worte: die Stände haben sich „aus dabey angezeigten ursachen bis maln entschuldigt."³)

Es wird sich hierin nichts Anderes finden lassen, als die Meinung der Stände, daß im Falle des unbeerbten Todes Friedrichs II. trotz der Mitregierung Johann des Aelteren und Adolfs Johann d. J. zur gemeinschaftlichen Regierung anzunehmen sei.

Als später die gemeinschaftliche Regierung allein König Christian IV. und Herzog Johann Adolf zustand, der Erzbischof von Bremen Johann Friedrich aber aus der Gottorfer Linie auf gleiche Theilung drang, verwahrten die Stände auf dem Rendsburger Landtage von 1603 ihre Privilegien dahin, daß sie nicht mehr als zwei regierende Landesherren anzunehmen brauchten⁴) und diese ihre Ansicht, daß nach Lage der Sache die Verfassung von Schleswig-Holstein zwei regierende Herren erfordere, wiederholen sie öfters, insbesondere auf dem Landtage von 1616.⁵)

Von entscheidender Bedeutung endlich ist gerade dieser Landtag von 1616. Hier sahen sich die Stände genöthigt gegenüber den Landesherren die Bedeutung ihres Wahlrechts principiell festzustellen. Es geschah dies mit folgenden Worten:

---

¹) S. die Verhandlungen bei Waitz, Quellensamml. pag. 124 ff.
²) S. die Verhandl. des Landtags v. 1564 bei Hegewisch, Geschichte I. pag. 477.
³) Priv. pag. 191.
⁴) S. H. 36 I., pag. 666.
⁵) Man könnte einen Widerspruch mit dem oben Angeführten in einer Erklärung der landesherrlichen Commissare auf dem Kieler Landtage von 1609 (S. H. 36 I. pag. 753) finden. Sie sagen: „Was den 3. Punct betrifft erscheinet aus denen zwischen der Königl. May. und Fürstl. Gnaden ergangenen Wechselschriften, daß J. Kgl. Mj. und Fürstl. Gn. Herzog Johanßen Fßl. Gn. eine solche Huldigung, welche auff den event. und künfftigen Fall, da neml. der Kgl. Mj. und Fßl. Gn. als der regierenden Herren Linien abgehn und auffhören mögten, dirigiret u. gerichtet, inmaßen die von J. Fßl. Gd. erlangte simultanea investitura keinen andern effect und Würkung hat, wohl gönnen können." Näher betrachtet ist der Fall folgender: Die Commissare sprechen sich darüber aus, in welcher Weise sie Johann d. J. die verlangte Erbhuldigung gönnen wollen und sie wollen das nur, wenn dieselbe als eine eventuelle angesehen würde. Der König also zu seinem Theile und in seinem Antheile will die Huldigung nur gelten lassen auf den Fall, daß er und seine Linie abgehn, und ebenso natürlich will dies der Gottorfer Herzog zu seinem Theile und in seinem Antheile nur für den Fall, daß die Gottorfische Linie abgeht. Die Absicht oder auch nur die Veranlassung damit Johann dem Jüngern seine eventuellen Rechte für den Fall des Aussterbens der einen oder der andern Linie absprechen zu wollen liegt entfernt nicht vor. Jede Linie setzt nur fest, was gelten soll, so lange sie blüht. Ja im unmittelbar darauf folgenden Absatze erklären sich die Commissare ausdrücklich mit der Auffassung der Stände einverstanden, „da es (das Fürstenthum Holstein) nicht mehr als 2 regierende Herren ertragen könne." Jeder Gedanke an eine eventuelle Consolidation unter Uebergehung Johannes d. J. ist mit dieser Anerkennung der nothwendigen Doppelköpfigkeit der Regierung ausgeschlossen.

„weil sie vermerken, daß Ihr. Kön. May. und F. G. das wort, wahl und wehlen — — in gnaden nicht auff, und vernehmen wollen, Und dabei unsers geringfügigen erachtens etwa diese mistrauwige oder zweiffelhaltige gedanken wider die gehorsame Landschafft schöpffen, als solten sie eine der zweifachen als König und Fürstl. Linien, krafft solcher angezogenen wahl vorbeyzugehen sich unterfangen können, So erklehren gegen E. K. M. dan auch gegen E. F. G. als ihre gnedigste, gnedige Herren, die ehrwürdige Praelaten, ehrbare Ritter und Mannschaft sich beständiglich dahin, das ihnen sampt und sonders niemalen solche Deutung wider die alte observantz ins Hertz, sin oder gedanken gekommen, seindt auch nicht gemeindt, das wort Electionis oder wahl, wan und so offt eines oder beider regierenden Herren stelle vaciren solte, dahin und also zu misbrauchen, besondern das sie das Wort, wahl oder wehlen, nicht anders deüten noch verstehen, dan das sie so offt ein ober auch auf beiden Königl. und Fürstl. Linien b e i d e regierende Herren ermangeln würden, respectivo e i n e n oder z w e e n aus j e d e r Linien wieder benennen mügen."[1])

Es ist damit in klarer und bestimmter Weise ausgesprochen, daß die Stände verpflichtet waren, so lange aus einer der beiden Linien, der Königlichen und Fürstlichen, rechte Erben vorhanden waren, eine Consolidation der Herrschaft nicht eintreten zu lassen, daß sie nach Maßgabe der Landesverfassung ihre Wahl beim Abgang eines Königs auf ein Mitglied dieser Königlichen Linie und beim Abgang eines Gottorfer Herzogs auf ein Mitglied dieser Gottorfischen Linie und falls beide regierende Herren starben, auf z w e i Mitglieder je aus einer der beiden Linien nothwendig zu richten haben.

Zu der Königlichen Linie gehörte aber auch Johann d. J.

Es ergiebt sich dies schon aus den thatsächlichen Verhältnissen. Johann der Jüngere war ein Königssohn, der Sohn Christians III., mit welchem, nachdem Friedrich I. das Königreich und Schleswig-Holstein unzertrennt beherrscht hatte, der Gegensatz eines König-Herzogs zu den bloßen Herzögen Johann d. Ä. und Adolf, seinen Brüdern, beginnt.

Wie Adolf der Stammhalter der Fürstlichen, so ist Christian III., der Vater Johann d. J., der Stammvater der königlichen Linie.

Eine Betrachtung ferner des Verwandtschaftskreises, wie er 1616 bestand, zeigt, daß damals Johann d. J. einfach zur Königlichen Linie gerechnet werden mußte.[2])

---

[1]) S. H. 156 fol. 187.

[2]) Agnatischer Verwandtschaftskreis Ende 1616

```
                            (König Friedrich I)
                                 † 1533.
        ┌───────────────────────────┴───────────────────────┐
   (König Christian III)                              (Herzog Adolf)
        † 1588.                                          † 1586.
   ┌────────┬──────────┐                        ┌─────────────┬──────────────┐
(König Friedrich II) (Magnus)  Johann d. J.  (Johann Adolf)   Johann Friedrich,
   † 1588.         † 1580.                      † 1616.       Erzb. v. Bremen.
   │               │           │                │
Christian IV.   Ulrich,       Söhne         Friedrich III.  Adolf.  Hans.
   │         Bischof v. Schles-
 Söhne       wig u. Schwerin.
```

Ausdrückliche Erklärungen der Regierung und Landstände lehren, daß dieses in der That der Fall war.

In einem Bedenken auf dem Landtage zu Flensburg 1593 erklären die Stände:

> Es wird auch Ihro Kayserl. May. ferner ohne grund und Bestande Vorbracht Vnnd Berichtet, das die Lande dieser Fürstenthume von Zeit Königs Christian des ersten her, mit allen anhangenden praeminentien und Zugehörungen in so viel heüpter Als Herren gewesen, und gelebet, iedesmahl getheilet worden, deßen gegenspil Land Kündig Vnnd Notori, das es dermaßen nicht gehalten, und mit exempoln der Beiden Linien der Königlichen und Gottorfischen gnugsam beizubringen, wie den König Friederich der ander Zwen Brüder gehabt, Herzog Magnus und Herzog Johans, so noch eines theils am Leben, und deren Keiner Zur Regierung gestattet worden, So dan auch durch gantz newe Felle, die sich in der Gottorffischen Linie Begeben, beizubringen. [1]

Es wird also in dieser Stelle Herzog Magnus und Herzog Johann ausdrücklich zur Königlichen Linie gerechnet.

Auf dem Kieler Landtage von 1609 ferner beklagen sich die königlichen Commissare, daß Herzog Johann von seinen Besitzungen die Fräuleinsteuer verweigere, „sintemahl unläugbahr wahr, daß diese Fürstenthümer in 2 Theile von einander getheilt, deren das eine Theil die Königliche Linie oder Regierung, den andern halben Theil aber die Gottorpische Linie oder Regierung besitzet. — Nun ist in diesen Fürstenthümern hergebracht, wann dem regierenden Herrn in der Königl. Linie Fräulein Steuern gegeben werden, daß alsdann alle Unterthanen der Gottorpischen Linie vollkömlich und ohne einigen Abgang mit collectiret, und der Königl. Mtt. als dem einen regierenden Herrn von allen Unterthanen Gottorpischen Theils die Fräulein Steuern gereichet werden, derrowegen es vice versa billig mit dem regierenden Herrn der Gottorpischen Linie hinwieder also zu halten, daß demselben andern regierenden Herrn im Gegenfalle von allen Unterthanen der Königl. Linie die Fräulein Steuern gefolget, und Herzog Johannsen zugelegter Antheil, welcher in der Königl. Linie mit gehöret, nicht eximiret noch von der Contribution entfreyet werde, wie dann auch die Adel. Güter, so Herzog Johans an sich erkaufft unter die Contribution mit gehörig, sintemahl die regierende Herrn in und über solchen Gütern das jus collectandi und deßfals Jus quaesitum von Alters gehabt, welches durch die beschehene Alienation Ihnen nicht entwendet werden können noch mögen."

Wenn also die Stände auf dem Landtag von 1616 feierlich bekennen, daß sie bei jedem Thronwechsel in den Königlichen Linien verpflichtet seien, den Thronfolger aus dieser Königlichen Linie, so lange sie vorhanden, zu wählen und wenn aus den beiden eben angeführten Stellen sich zweifelsohne ergiebt, daß Johann d. J. und mithin auch seine Descendenz zu eben dieser Königlichen Linie zu zählen ist, so ist die Verpflichtung der Stände festgestellt, nach dem Tode des Königs Christian IV., seines kinderlosen Bruders (Ulrich) und seiner Descendenz Johann den Jüngern oder dessen Descendenz zu wählen. Es bestand keine rechtliche Möglichkeit,

---

[1] S. H. 156 fol. 54.

mit Uebergehung der Person Johanns d. J. oder seiner Descendenz in der Hand des einen Gottorfer die gemeinschaftliche Regierung zu vereinigen.

Dieses Resultat konnte natürlich eine juristische Aenderung dadurch nicht erfahren, daß im Verlaufe der Generationen die Linien des Königs, Johanns d. J. als des Stammvaters des Sonderburger Hauses und der Gottorfer sich verlängerten. Wenn daher in der folgenden Zeit die Nachkommen Johanns d. J. die jüngere Königliche Linie genannt wurden, so war dies nicht, wie behauptet ist, Sache der Courtoisie, sondern es war der dem officiellen Sprachgebrauch, wie er schon zur Zeit der Abzweigung dieser Linie feststand, entsprechende correcte Ausdruck dafür, daß die Linie Johanns in einem näheren verwandtschaftlichen und erbrechtlichen Verhältnisse zu der regierenden Königlichen Linie stand, als dies die Gottorfische Linie für sich ansprechen konnte.[1]

Gerade die gezeigte Beschränkung des Wahlrechts und ihre Wirkung hat es mit sich gebracht, daß für die Erbfolge in Schleswig-Holstein, nachdem das Wahlrecht selbst beseitigt worden ist, der Vorzug der Linie in der Lehnsfolge zweifellos ist.

II.

Das Wahlrecht hatte wesentlich die Bedeutung, die Untheilbarkeit der Herzogthümer zu verbürgen. Wie es aber selbst das Recht der privilegirten Stände war, so ist auch jene Untheilbarkeit zum Privileg eben dieser Stände geworden.

---

[1] In der Plönischen Streitschrift in puncto collectarum: Wohlbegründeter Gegenbericht 1667 heißt es pag. 8: „wie Sie (die Sonderburger) denn respectu Gottorf keine absonderliche Linie machen, sondern in der Königlichen mitbegriffen aber wohl nachmahl in unterschiedliche Häuser quoad posteros subdividiret" sein. Eine Gegenschrift der gemeinschaftlich Regierenden geht diese Plönische Streitschrift Seite für Seite und insbesondere pag. 8 genau durch; der angeführten Behauptung aber wird nicht widersprochen (Erwitrigter Bericht 1668). Sie hat bei mannigfachen Gelegenheiten officielle Anerkennung seitens Dänemarks gefunden. Man vergleiche z. B. den Peräquationsreceß von 1663, Falck Urkdb. pag. 183 und den Haupttreceß v. 30. März 1671, § 4. Oftwald pag. 43. Nicht minder ist in Gottorfschen Staatsschriften wiederholt derselbe Gedanke der Einheit der Königlichen Linie mit Einschluß der Sonderburger gegenüber der Gottorfer Linie in denselben oder ähnlichen Wendungen des Ausdrucks ausgesprochen. So sagt z. B. die die Oldenburgische Succession betreffende „kurz verfaßete Recapitulation" von 1671 (Diar. Europ. Th. 23. app. S. 103.) von dem Herzog Joachim Ernst zu Plöen: „welches sonst als von der Königl. regierenden Linie descendirend wider Gottorf, als die andere regierende Linie, und dessen jura sivo passiva Herzog Joachim Ernst F. D. nicht angehen"; ferner a. a. O. S. 106): Man läßet Herzog Joachim Ernst F. Durchl. gern, daß sie von König Christian dem Dritten abstammen, und respective unter dessen stirpe mit begriffen seyn"; und weiterhin ebendaselbst: „wenn je das Fürstliche Haus Plöen in puncto Oldenburgischer Lehnsfolge einige action competirete, Sie solche nicht gegen Gottorf, respective dero Gottorfschen stirpem, sondern gegen König Christiani Tertii stirpem coram competenten anstellen müßten, mit den regierenden Herrn seiner Linie sich vergleichen müßen." Aehnlich die „summarische Information" von 1672 (Diar. Europ. Th. 26, S. 7.): „es behält die Gottorfsche Linie ihre selbstwesentliche absonderliche subsistens: Die Sonderburgische Linie ihr auch separate und vorhin unter die Königliche Linie begriffen contenance und muß diese jener die prioritätem successionis billig laßen — oder — mit Ihr. Kön. Majest. zu Dännemark, als mit welcher sie in einer Linie stehen, sich — vergleichen." So auch die „abgenötigte Widerlegung" von 1674 (Diar. Europ. Th. 28 app. S. 99.): es mußten „Die Grafschaften al pari unter die Königliche (dahin Sonderburg gehörete) und Gottorfsche Linie repartiret werden."

Als nach dem Tode Christians I. sich die schleswig-holsteinischen Stände anschickten, dessen zweiten Sohn Friedrich allein zum Herzog zu wählen, erhob dagegen, wie der altdänische Geschichtschreiber Arrild Hvitfeldt [1]) berichtet, König Johann Einspruch. Die Landschaft habe Macht, sich einen **Regierungsherrn** zu wählen, nicht aber einen **Erbherrn**. Wollte sie ihr Privileg anders auslegen, so wäre das gegen alles Lehn-Erbrecht des römischen Reiches und er müsse dagegen protestiren.

Diese Unterscheidung ist es, welche den Landestheilungen von 1490, 1544, 1564, 1581 und 1582 zu Grunde liegt. Seit ihnen war die Regierung in den verschiedenen Theilen Schleswig-Holsteins eine verschiedene.

In den Districten von Prälaten, Ritterschaft und Städten ward die Untheilbarkeit insofern festgehalten, als die Landschaft eine reelle Theilung derselben nicht duldete. Die Regierung war in allen ihren Rechten und Handlungen eine gemeinschaftliche.

Die landesherrlichen Aemter und Landschaften dagegen standen jedem Herzoge zu eignem, privativem Rechte zu, mit aller „Herrlichkeit und Gerechtigkeit." Es zeigt sich dies am schärfsten in den holsteinischen Besitzungen der Sonderburger. Sie nahmen in ihren Aemtern die alleinige Erbhuldigung ein, sie hatten ihre besondere Gesetzgebung, sie übten die Kirchenhoheit mit allen ihren Befugnissen, die Gerichtsbarkeit stand ihnen zu mit alleiniger Appellation an die Reichsgerichte, sie besteuerten, legten Zölle und Accisen an, schlugen Münzen, sie waren endlich von ihren Aemtern als reichsunmittelbare Landesherren und Reichsstände von Seiten des Kaisers anerkannt.

Nur nach Außen hin war diese territoriale Zersplitterung verdeckt. Die Union verband die beiden Herzogthümer als solche mit Dänemark, die Reichs- und Kreisverfassung wenigstens Holstein als Ganzes mit dem deutschen Reiche. Und für dieses „Defensionswerk" allerdings erstreckt sich die Competenz der gemeinschaftlichen Regierung und die Steuerbewilligung der Landschaft auch über die Aemter und Landschaften. Doch war auch hierbei, falls es sich um eine, das verfassungsmäßige Herkommen übersteigende Leistung handelte, die ausdrückliche Zustimmung der Herzöge aus der Sonderburger Linie nothwendig, wie sie denn die erweiterten Unionen Schleswig-Holsteins mit Dänemark 1623 und 1637 als gleichberechtigte Contrahenten mit abschlossen. [2])

Das Wahlrecht der Stände nun aber hat lediglich eine Beziehung gehabt auf die gemeinschaftliche Regierung; nur für diese stand ihnen das Recht zu, unter den mehreren rechten Erben den Einen anzunehmen und die anderen auszuschließen. **Es hat den Ständen irgend welcher Einfluß auf die Vererbung und Theilung der Aemter und Landschaften, auf die Districte der nicht privilegirten Einwohner niemals und in keiner Weise zugestanden.**

Das zeigt sich nicht bloß in der Reihe der stattgehabten Theilungen. Sie sind auch mit solchen geschehen, welche, wie Johann d. J. und Johann Friedrich,

---

[1]) Folioausgabe, Kopenhagen 1652, II. f. 1238.
[2]) S. Falck Urkundenb. pag. 107 u. 120.

nicht zur Regierung kamen, und diese haben ihre Besitzungen dann weiter vererbt und weiter getheilt ohne jedes Zuthun der Landschaft. Diejenigen aber, welche auch an den Aemtern keinen Theil empfingen, haben bis zur Einführung der Primogeniturordnungen entweder freiwillig zu Gunsten der übrigen verzichtet, wie der Bischof von Schleswig und Hildesheim Friedrich [1]), oder sie haben einem der Brüder ihren „erblichen Antheil" cedirt, wie Bischof Magnus [2]) und Herzog Johann [3]) (der Bruder Christians IV.).

Vielmehr haben die Stände selbst auch in dieser Beziehung Gelegenheit gehabt, ihr Wahlrecht principiell näher zu bestimmen.

Auf dem Kieler Landtage von 1588 weigerte sich Herzog Philipp das Wahlrecht der Stände anzuerkennen, und nahm für sich die reine Lehnsfolge in Anspruch; er behauptete, die Regierung sei an ihn „verstammt und devolviret." Der Landtag nahm Dem gegenüber eine so entschiedene und drohende Stellung ein, daß Herzog Philipp sich genöthigt sah, auf das Wahlrecht einzugehen. Aber er forderte in einer Versammlung der Landräthe nähere Auskunft darüber, wie dieses behauptete Wahlrecht zu verstehen sei, ob dasselbe allein von der gemeinschaftlichen „Regierung" gelte oder ob es auf „der Fürstenthumbe Land und Leute" bezogen werde, die doch von Alters her getheilt und vererbt worden seien. Detlef Rantzau brachte die Antwort der Landräthe ein:

> „Aber soviel die Fürstenthumb Landt und Leut und dheren vor Jahren beschehne teylung betreffen thete, die werden durch solche viel angeregte Election und Wahl nicht retractiret; daß wehre auch nie in Ihre der fürstl. Land Rehten Gedancken kommen, sondern hette um ihre Election und Wahl diese Gestalt und Meinung, daß die nicht weiter dan uff die Regierung verstanden wurde, wiewoll dennoch Heinrich Rantzow zu Bülcke daranne auch zweifeln wollen."

Als am folgenden Tage Herzog Philipp noch schwankt und wenigstens Verwahrung dagegen einlegen will, daß die Wahl der Lehnsherrlichkeit des Kaisers und Dänemarks nicht präjudiciren solle, da rathen auch davon die Landräthe ab und versichern:

> „wollten Se. F. G. davon abstehn und es gentzlich und gewiß dafür halten, daß durch diese Election Niemande nicht benommen, soviel die Fürstenthumb, Landt und Leute betreffen thete, sondern ginge allein auf die Regierung." [4])

Das Wahlrecht der Stände also ging allein dahin, die Succession in den erledigten Antheil an der gemeinschaftlichen Regierung zu beeinflussen. Es war ohne jede Beziehung auf die Vererbung der Aemter und Landschaften, von „Land und Leuten." Hier kam einfach die Ordnung des Lehnrechtes zur Anwendung.

Würde eine späte Nachwirkung des vorlängst beseitigten Wahlrechtes einer längst nicht mehr bestehenden Körperschaft dies bedingen, daß beim Erlöschen

---

[1]) Christiani Geschichte II. pag. 196 u. 248.
[2]) Theilungsbrief von 1564. Falck Urkb. pag. 61.
[3]) Schlegel, Sammlung zur dänischen Geschichte I., 1. Stück pag. 170 ff.
[4]) S. H. 38. Fol. 32 u. 34 b.

einer regierenden Linie Jemand die vorzeitige gemeinschaftliche Regierung beanspruchen könnte, der nach gültiger Successionsordnung nicht zugleich der nächste Lehnserbe wäre, so würde eine Wiederauflösung der Staatseinheit der Herzogthümer, welche die Zeit der absoluten Monarchie auf's Neue schuf, gefordert werden. Man müßte die ehemals gemeinschaftliche Regierung über die Districte der privilegirten Stände dem Einen geben, die Summe der hinterlassenen Aemter und Landschaften aber mit allen Rechten der Landeshoheit dem Andern.

III.

Wenn das Wahlrecht nur die Theilnahme an der gemeinschaftlichen Regierung betraf, und die Lehnsfolge in die Aemter durchaus nicht berührte, so ist es nur ein anderer Ausdruck für dieses Sachverhältniß, wenn gesagt wird: das Wahlrecht bestimmte nur die innere, staatsrechtliche Stellung, welche den einzelnen Lehnsfolgern in den Herzogthümern nach Maßgabe der Landesverfassung eingeräumt werden konnte. Es war aber ohne Einfluß auf die Stellung der Lehnserben nach Außen. Im Lehnsverbande und gegenüber dem Lehnsherrn kam ohne jede Modification das Lehnrecht und seine Folgeordnung zur Anwendung. Das Wahlrecht konnte insbesondere die volle Gleichberechtigung aller Lehnsfolger in Verhältniß zu einander und zum Lehnsherrn nicht alteriren.

Für Schleswig war dies die ausdrückliche Bestimmung des Odenseer Vertrages von 1579:

> „Anfenglichen will die Kön. Mayt. vor sich unnd derselben Successoren am Reich Dennemark die Hertzogen zu Holstein des Oldenburgischen Stammes so viel deren itziger Zeit leben oder künftig sein werden, unnd nicht allbereit abgefunden unnd Vortzicht gethan, auch deren Nachkommen mit dem Furstenthumb Schlesswigk, sambt dem was von Alters dartzu gehöret, und der Insel Fehmern, als mit einem altvätterlichen und vom Reich Dennemark herrurenden anererbten Fahnenlehen, innerhalb Jahres und Tages wircklichen belehnen." [1]

Demgemäß wurden, wie oben berührt ist, in vollkommen übereinstimmender Weise an alle Herzöge von Schleswig-Holstein, ganz gleichgültig ob sie an der gemeinschaftlichen Regierung Theil hatten oder nicht, die Lehn gereicht und die Lehnbriefe ausgestellt.

Noch klarer tritt dies für Holstein hervor, weil sich hier um die behauptete Gleichberechtigung auch der nicht gemeinschaftlich regierenden Herzöge, der Sonderburger, ein langjähriger Kampf entspann, in welchem der Sieg durch die Entscheidung des Kaisers und des Reichshofraths dieser jüngeren Königl. Linie zugesprochen wurde.

Als Herzog Johann d. J. 1564 und nach dem Tode Johann d. Ä. den Zutritt zur gemeinschaftlichen Regierung nicht erlangte, entstand für ihn die Gefahr, daß seine Stellung, namentlich in Betreff der Fräuleinsteuer als eine minder berechtigte angesehen werde, als die der mitregierenden Fürsten. Dem gegenüber erhob

---

[1] Antischlesw.-Holst. Fragm. IV. pag. 34.

er den Anspruch in die kaiserliche Belehnung über Holstein aufgenommen zu werden. Vom König Friedrich II. hierin unterstützt, scheiterte die Anforderung anfänglich an dem Widerspruch Herzog Adolfs.¹) Erst nach dessen Tode willigte König Christian IV. und Herzog Philipp ein. Sie beantragten bei dem Kaiser für Johann die Gesammtbelehnung mit dem Herzogthum Holstein und dessen incorporirten Landen „gleicher Gestalt", wie sie selbst dieselben empfangen hatten.

Am 22. August 1592 erfolgte die Belehnung. Kaiser Rudolf II. verstattete Herzog Johann zu der gesammten Hand des Herzogthums, reicht ihm dieselbe zu Lehn und weist ihn in den Besitz und Genuß dieser „gesammten Lehn"²)

Von keiner Seite ist es die Absicht gewesen, diese gesammte Hand, welche bisher unter den Oldenburgern in Holstein nicht gebräuchlich gewesen war³), in dem Sinne zu fassen, daß sie eventuelle Successionsrechte verschaffen oder auch nur wahren sollte. Bei solcher Absicht durfte der Lehnbrief nicht auf ganz Holstein ununterschieden lauten. Denn es war unbestritten, daß Johann seine Aemter unmittelbar unter dem Reiche besaß. Dann hätte der Lehnbrief lauten müssen auf seinen Antheil und auf die gesammte Hand an dem übrigen Holstein. Dann hätte es ferner der Zustimmung der andern Vasallen nicht bedurft.

Vielmehr war es die Absicht, Johann d. J. genau in der nämlichen Weise mit Holstein zu belehnen, wie die gemeinschaftlich regierenden Herzöge. Auch sie empfingen das ganze Herzogthum in Einem Lehnbriefe als Ein Lehnsobject, obgleich jeder von ihnen seine Aemter und Landschaften getrennt besaß, und als sie späterhin sich einzeln belehnen ließen, erhielten auch ihre Lehnbriefe die Clausel „als simultanee investirt."⁴) Die gesammte Hand war die Formel dafür, daß Herzog Johann mit Holstein als einer Gesammtheit („gesammte Lehn") beliehen sein sollte, gleichgültig, wie sich die inneren Verhältnisse gestalteten, und sie war die nothwendige Formel hierfür, weil eben schon Andere mit diesem Herzogthum Holstein beliehen worden waren. Die Belehnung Johanns d. J. mit der gesammten Hand ist die Constatirung der Gleichberechtigung desselben in dem Holsteinischen Lehnsverband und in Bezug auf das Herzogthum Holstein in seiner Gesammtheit. Dieser behaupteten und erlangten Gleichberechtigung gab Johann d. J. den praktischen Nachdruck, indem er drei Anforderungen erhob:

er verlangte die Erbhuldigung in Holstein, wie sie den an der gemeinschaftlichen Regierung theilnehmenden Herzogen geleistet wurde;

er nahm die Fräuleinsteuer für sich in Anspruch, wie sie jenen zustand;

er behauptete in allen und jeden Rechtssachen die alleinige Competenz der Reichsgerichte für sich und die Ausschließung der holsteinischen Landgerichte. Dage-

---

¹) S. die Relation der Lehnsgesandtschaft von 1582 bei Noott, Beiträge I, pag. 52 ff.
²) Ostwald pag. 23 ff.
³) Die Lehnmuthung von 1482 bei Ostwald pag. 8 weist keineswegs auf die gesammte Hand im technischen Sinn hin. Man vergleiche nur damit die Lehnsacte von 1493, 1513, 1522 („so vele unses deyles betreffet"), 1548 bei Waitz, Quellensammlung pag. 59, 61, 63, Michelsen, pol. Erört. II. 115; Christiani, Geschichte II. 506.
⁴) z. B. Lehnbrief für Christian IV. vom 11. August 1638 und noch für Christian VII. 7. Febr. 1783, bei Ostwald pag. 229: ferner Lehnbrief für Herzog Christian Albrecht vom 31. Mai 1660, bei Falck, Urkb. pag. 177.

gen hat er weitern Anspruch auf die Theilnahme an der gemeinschaftlichen Regierung nicht erhoben. Er sah seinen Ausschluß davon als nicht erheblich an und er hat es offen ausgesprochen, daß er die Inconvenienzen einer weitern Betheiligung an der gemeinschaftlichen Regierung vollkommen einsehe.

Der Kaiser entschied sich für Johann d. J. Schon in dem Lehnbriefe von 1590 ist die Aufforderung an die Holsteiner enthalten, ihn „als ihren gesammten rechten natürlichen Herrn" anzuerkennen. Eine Reihe kaiserl. Mandate ergingen an König Christian IV. und insbesondere an die widerstrebenden Gottorfer Herzoge,[1] worin anbefohlen wurde, die Unterthanen zur Huldigung und zur Zahlung der Fräuleinsteuer anzuhalten. Die gemeinschaftlich regierenden Herren erklärten, daß ihnen selbst die Sache fremd sei, und trotz des Andrängens der Stände[2] um ihre Verwendung verwiesen sie Johann d. J. auf den Proceß mit den Ständen.

Schon längst hatte Johann d. J. seine Rechte gegenüber den Ständen geltend gemacht. Auf dem Landtage von 1588 bei der Wahl Philipps und Christians IV. hatte er im Allgemeinen sein und seiner Erben Rechte verwahrt.[3] Auf dem Huldigungslandtage von 1590 formulirte er seine Forderungen in einer besondern Proposition näher; die Landschaft weigerte sich zwar darauf einzugehen, allein sie erklärte doch, die Eingabe ad acta nehmen zu wollen mit dem Erbieten,

„daß sie auff künfftige vorfälle E. F. Gd. Suchung in gebührender acht haben wollen" und mit der Entschuldigung, „daß Sie sich für diesmahl anderer Gestalt nicht resolviren können.[4] Eine erneuerte Eingabe auf dem Landtage von 1592 findet in den Bedenken der Stände nur eine stärkere Zurückweisung..[5]

So übergiebt denn Johann d. J. am 6. Juli 1599 seine Klage gegen die Landschaft auf Huldigung, Fräuleinsteuer und Eremtion von dem Landgerichte. Er stützt dieselbe wesentlich auf seine Belehnung mit Holstein als einem altväterlichen Lehn, welche bei fernerer Rechtsverweigerung der Stände „für eine expectativa, angebinge oder anwartung et meram spe juris ad rem sive feudum contra naturam et proprietatem simultaneae investiturae zu achten."[6]

Es ergeht hierauf das Pönal-Mandat Rudolfs II. vom 30. Juli 1599 an die holsteinischen Landräthe, Ritter und Landschaft, worin auf Grund der geschehenen Belehnung ex provisione primi concedentis et pactis majorum und der Eigenschaft Johanns als Reichsfürsten befohlen wird, die Huldigung und Fräuleinsteuer zu leisten, die Competenz der Reichsgerichte anzuerkennen.[7]

An dieses Mandat hat sich ein langjähriger Proceß geknüpft, welcher sich durch alle Weiterungen des Reichsprocesses und durch die später eingelegte Inter-

---

[1] Schreiben Rudolfs II. an Christian IV. und Philipp (Joh. Adolf) vom 22. Aug. 1590, vom 2. Aug. 1593, vom 12. Mai 1595, an Johann Adolf allein vom 16. Decbr. 1597. S Ostwald pag. 28 und Wahre Vorstellung des nähern Successionsrechts H. Joachim Ernst an den Grafschaften Oldenb. Delmenh. 1668. Beilagen No. XII. XIII. XIV.

[2] Die entschiedenste Zurückweisung der Intervention enthält das Schreiben Christians IV. an die Stände vom 8. November 1600. Ostwald pag. 30.

[3] S. H. 36 I, pag. 279.

[4] Lünig collectio nova II, 965 und 978. S. H. I 36, pag. 516 und 531.

[5] S. H. 32 pag. 234 und 240.

[6] Die vollständigen Processacten liegen vor.

[7] S das Mandat in der Apologia des F. Hauses Sonderburg 1654. Beil. VII.

vention der gemeinschaftlich regierenden Herren durchkämpfen mußte. Es ergingen zunächst drei paritorische Urtheile 1605, 1614 und 1628. Dann endlich wurde am 27. März 1634 das definitive Urtheil gesprochen, wodurch die Stände rechtskräftig in die Ableistung der Huldigung und zur Zahlung der Fräuleinsteuer verurtheilt und auf Execution erkannt wurde[1]). Nur hinsichtlich der Competenz der Landgerichte blieb noch den Ständen der Beweis des Herkommens offen, der niemals versucht ist.

Was für Schleswig sich dadurch leicht verdunkelte, daß hier der Mitvasall zugleich der mächtige Lehnsherr war, das hat für Holstein die bestimmteste Anerkennung des Lehnsherrn und die Rechtskraft reichsgerichtlicher Urtheile für sich: Mochte das Wahlrecht der Stände den rechten Lehnserben in den innern Verhältnissen des Landes eine verschiedene Stellung anweisen, es konnte der lehnrechtlichen Gleichberechtigung aller erbberechtigten Vasallen nicht präjudiciren. Ein Einfluß auf das Erbrecht, welches in Schleswig-Holstein allein auf das Lehnrecht gegründet ist, kann daher aus der Betheiligung oder Nichtbetheiligung an der gemeinschaftlichen Regierung nicht gefolgert werden.

IV.

Der Reihe der Beschränkungen, welche kraft der Consequenzen der Theilungen, der Landesverfassung und der Anforderungen des Lehnrechtes das Wahlrecht einengten, fügten die Stände selbst eine beschränkende Observanz hinzu:

Ueberall, wo unter mehreren nächsten Erben nur der Eine zur gemeinschaftlichen Regierung gelangte, ist es der Erstgeborne. So König Friedrich II. neben Johann d. J., so Christian IV. neben seinen Brüdern; so folgen die 3 Söhne Herzog Adolfs, wie es das Recht der Erstgeburt fordert.

Die Privilegienbestätigungen, welche Friedrich II. schon 1564 und Christian IV. noch 1593, „als seiner kon. w. eltteoster son u. regierender herr" ausstellen[2]), weisen darauf hin, daß diese Observanz keine unbewußte war.

Setzte sich diese Observanz um zu einer festen Regel, so war die Individualsuccession für die gemeinschaftliche Regierung auch ohne das Wahlrecht gesichert. Es mochte dann das Wahlrecht ohne Gefahr für die Untheilbarkeit des Landes, wie sie überhaupt noch verstanden wurde, erlöschen, und der ungeschmälerten Herrschaft des Lehnrechtes Platz machen.

---

[1]) S. die Urtheile in der Apologie, Beilagen No. IX bis XII. Mit diesen Urtheilen wurde der Proceß noch nicht beendigt, vielmehr intervenirten jetzt die gemeinschaftlich regierenden Herren gegen die Execution. Vergleichscommissionen wurden eingesetzt, schliefen wieder ein, wurden erneuert, bis der Oldenburgische Successionsstreit hinzutrat. An die für ihn ernannte Gütecommission wurde durch Reichshofrathsconclusum vom 9. Septbr. 1667 auch diese Sache verwiesen. In dem zwischen dem König Christian V. und Herzog Joachim Ernst abgeschlossenen Vergleich vom 30. März 1671 §§ 5 — 8 (Oftwald pag. 43 ff.) wurde die Intervention fallen gelassen und der Anspruch auf Huldigung, Fräuleinsteuer und Reichsgerichtszustand ausdrücklich anerkannt. Hiernach wurde der Proceß von den übrigen Agnaten und gegen Gottorf nicht fortgesetzt.

[2]) Priv. pag. 191. 211.

§ 4. Der Landtag von 1616.

Die Untheilbarkeit der Herzogthümer, Marken und Grafschaften war auch nach dem Erblichwerden der Reichsämter durch das Gesetz Friedrichs I. von 1158 festgesetzt. Aber keine bestimmte Successionsordnung verbürgte die Durchführung des Grundsatzes. Es erlag in kurzer Zeit der unbeschränkten Anwendung des gemeinen Lehnrechts, welche die Ordnungen des Reichs allmälig zersetzte und Macht und Ansehen der landesherrlichen Häuser dem Zufalle Preis gab.

Erst die goldene Bulle Kaiser Karls IV. von 1356 brachte den alten Grundsatz der Untheilbarkeit für die Kurfürstenthümer wieder zur Geltung und sie befestigte ihn durch die Einführung der Primogenitur-Ordnung. Damit war der Anstoß gegeben für eine Entwickelung, welche im 16. und 17. Jahrhundert ihren wesentlichen Abschluß fand. Fast in allen deutschen Fürstenhäusern wurde die Folgeordnung des Lehnrechts zu Gunsten der Individualsuccession modificirt und die Einführung der Primogenitur durch die Hausgesetze, vielfach unter Mitwirkung der Landstände, bewirkt.

In Schleswig-Holstein sollte die Untheilbarkeit des Landes eine Stütze finden in dem Wahlrecht der Stände. Allein dieses Wahlrecht hatte seine Kraft nicht bewährt, seine Aufgabe nicht erfüllt. Es war den Anforderungen der mehren Lehnserben freiwillig gewichen, es hatte sich selbst in immer engere Grenzen zurückgezogen, es wurde getroffen von der Ungunst der Lehnsherren und von der wachsenden Macht der Landesherren. Es hatte sich gezeigt, daß es die Garantie einer festen Successionsordnung nicht ersetzen konnte.

Der Landtag von 1616 streift die letzte Eigenthümlichkeit des Successionsrechts in Schleswig-Holstein ab und läßt den allgemeinen Entwicklungsgang Deutschlands auch hier Platz greifen.

Bereits am 9. Januar 1608 hatte Herzog Johann Adolf für seine Lehnsfolger für seinen Antheil an den Herzogthümern und dessen Zuwachs ein Primogeniturstatut erlassen. Die Bestätigung der beiden Lehnsherren, sowohl des Königs von Dänemark als des deutschen Kaisers, wurde gesucht und empfangen.[1] Dagegen ist von einer Mitwirkung der Stände keine Rede. Denn eine Mittheilung auf dem Landtage von 1609 durch die landesherrlichen Commissaire lautet so allgemein, daß die Landschaft sich ihrer Bedeutung kaum klar geworden ist.[2]

Die Tragweite des Vorganges trat erst mit dem Tode Johann Adolfs (März 1616) hervor.

Herzog Friedrich III., der erstgeborene Sohn, betrachtete sich ohne Weiteres als Inhaber der Regierung. Er erlangte vom Kaiser die Volljährigkeitserklärung, welche ihn gleichzeitig in die Regierung der Herzogthümer einsetzte, und vom König

---

[1] Falck, Urkundenbuch No. XXXII. XXXIII. XXXIV. pag. 92 folg.
[2] Die Mittheilung lautet: „daß eben dieser Ursachen halber Herzog Johann Adolph Ftl. Gd. bey der Kayserl. Myt. erhalten, daß durch eine sonderliche kayserl. Provision versehn, daß in der Gottorpischen Linie nur ein regierender Herr succediren und die andern mit einem jährlichen Geld-Deputat abgefunden oder sonst versorget werden sollten.
S. H. 36 I. pag. 755

Christian IV. wurde ihm der 2. December als Tag der Lehnsempfängniß Schleswigs anberaumt. Selbst die Huldigung versuchte er schon jetzt von den Städten einzunehmen. Er stellte diese Anforderung insbesondere an Kiel, da die landesfürstliche Regierung der Herzogthümer auf ihn „verstammt und erblich gefallen" sei. Die Stadt Kiel verweigerte aber diese Huldigung, zu welcher sie nur in Gemeinschaft mit den anderen Ständen verpflichtet sei, hartnäckig und legte Appellation gegen das einseitige Vorgehen des Herzogs sowohl bei der Landschaft als auch bei dem Könige ein.

In Folge dessen erläßt der König am 25. October das Convocationspatent, welches die Stände zum 8. December nach Schleswig beruft, damit sie dem Herzoge die pflichtige Erbhuldigung als ihrem regierenden Herrn Gottorfischer Linie leisten. So lauten die vorbedeutenden Worte der Einberufung.

Die Verhandlungen des Landtags selbst sind uns mit seltener Vollständigkeit aufbewahrt worden. Selbst die Vorgänge und Abstimmungen in den Ausschüssen hat man verzeichnet.. Die verschiedenen Wendungen in dem Gange der Unterhandlungen, welche in persönlicher Gegenwart des Herzogs, von Seiten des Königs aber durch zwei dänische Reichsräthe und den deutschen Kanzler als Commissaren geführt werden, treten deutlich hervor und sie lassen zwei Stadien leicht unterscheiden. In dem ersten handelt es sich um die Annahme des Herzogs Friedrich zum regierenden Herrn, in dem zweiten um die Form der Privilegienbestätigung.

Nachdem sich die Stände bereits am 8. December auf dem Rathhause zur Eröffnung eingefunden hatten, wird ihnen am folgenden Tage die königliche und fürstliche Proposition und zwar mündlich vorgetragen. Es war dies ungewöhnlich. Aber nur mit Mühe gelingt es, daß sich die Commissare dazu verstehen, unter Mitwirkung eines von der Landschaft gewählten Ausschusses die mündliche Proposition protokollarisch festzustellen. Wie sie dann vorlag, ließ sie an unumwundener Offenheit Nichts zu wünschen übrig. Der Herzog, so heißt es, sei mit Schleswig bereits belehnt, und der König habe ihm der alternirenden Ordnung nach die gemeinschaftliche Regierung für dieses Jahr übergeben. Für Holstein habe der Kaiser bei Ertheilung der Volljährigkeit ebenfalls die Regierung bereits aufgetragen, wie sie dem Herzoge als ältestem Sohne und nächstem Successoren in der Regierung verstammt, heim- und zugefallen sei. Es bleibe nur übrig, die Erbhuldigung zu empfangen. Sie wird gefordert unter dem Erbieten, die „vernünftigen" Privilegien zu bestätigen und die Regierung so anzustellen, wie es vor beiden Lehnsherren verantwortet werden könne. Das Alles heißt: man forderte nicht nur keine Wahl in diesem Falle, sondern man erklärte das Wahlrecht selbst für nichtig.

Der Ausschuß beginnt seine Berathungen am 10. December. Es ist leicht zu ersehen, wie tiefen Eindruck die landesherrlichen Propositionen gemacht haben. In doppelter Umfrage traten die verschiedensten Ansichten hervor. Die Einen hoffen, durch Bitten und Vorstellungen, wie es das eigene Interesse der Landesherren erheische, das gefährdete Wahlrecht noch zu erhalten. Andere befürworten das Anerbieten, immer den Erstgeborenen benennen zu wollen. Dritte schlagen vor, in allerlei Wendungen, gleichsam versteckt sich das Wahlrecht zu reserviren. Nur Einige sind entschlossen, sich das Wahlrecht nicht anders, als durch Gewalt entreißen zu lassen. Zuletzt wird doch noch einstimmig eine „Erklärung" angenommen, dahin lautend: wenn der Herzog ihre Privilegien bestätigen und die Gravamina abschaffen wolle, so sei die Landschaft gewillt, ihn zum Landesfürsten und Herrn zu erwehlen, anzunehmen und zu huldigen.

Eine Deputation von 12 von Adel mit dem Landschaftsadvocaten Dr. Winkel an der Spitze überreicht am 11. December diese Erklärung dem Herzoge und den Königl. Räthen und noch am Abend desselben erhielten sie die gemeinschaftliche, Königliche und Fürstliche „Resolution": Die Erklärung sei fremd und wunderlich. Keine Wahl, nur die schuldige Erbhuldigung habe man verlangt. Die Regierung sei von den beiden Lehnsherren aufgetragen und bereits angetreten. Ueberdies sei eine Wahl unmöglich, weil gegen das Recht und gegen den Willen der Lehnsherren. Hierfür beruft man sich auf das Mandat Kaiser Rudolfs von 1590, welches bisher den Ständen nicht mitgetheilt worden war. Hier sei das Wahlrecht für Holstein cassirt und als Rebellion erklärt. Für Schleswig aber sei der König den Ständen keiner Wahl geständig und er könne dem Herzoge nicht gestatten, sich einer solchen zu unterwerfen. Die Resolution fordert schließlich in gebieterischer Weise nochmals unweigerliche Huldigung, wogegen die Bestätigung der „gebührlichen" Privilegien und die Abstellung der gravamina erfolgen werde.

Auch über diese Resolution beräth zunächst der Ausschuß am folgenden Tage, dem 12. December. Es ist bezeichnend, daß er seine Berathung mit Vorlesung der Privilegien Christians I. beginnt. Sie erscheinen manchen Ausschußmitgliedern so klar und fest, daß sie von einer erneuerten, hierauf gestützten Vorstellung an die Landesherren immer noch Wirkung verhoffen. Die meisten Stimmen sind freilich verzagter, sie wünschen das Wort „wählen" umgangen und empfehlen ein Zurückgehen auf die Primogenitur in jedem Falle, wo nur der Erstgeborne regierungsfähig sei. Doch fehlen auch die Stimmen nicht, welche zu jeder Zeit meinen: „es sei vielmehr Gott und der Zeit mit Geduld zu befehlen."

Das Resultat der Discussion ist die Abfassung einer „Verantwortungsschrift." Sie versucht eine abermalige Vertheidigung des Wahlrechts auf manche Gründe hin. Der Wortlaut der Privilegien, die Reihe der Präcedenzfälle wird weitläufig vorgeführt. Gegen das Kaiserliche Mandat beruft sie sich auf andere Ansprüche des Kaisers, welche im Allgemeinen die Absicht eines Eingriffs in die Privilegien abweisen, und sie versichert, daß ein Versuch, die Lehnsherrlichkeit zu schmälern, nicht vorliege. Insbesondere hebt sie zweierlei hervor. Einmal wie das Wahlrecht lediglich die privilegirte Untheilbarkeit und das Beste des Landes bezwecke, „damit dasselbe nicht durch vielfältige Herrschaft einer Linie", d. h. durch Zulassung mehrerer Prinzen aus einer der beiden Linien zur gemeinschaftlichen Regierung, dismembriret würde, und sie knüpft sodann hieran unmittelbar jene Interpretation des Wahlrechts, wornach dasselbe keineswegs aus einer Linie in die andere zu springen, vielmehr nur innerhalb einer jeden der beiden, Königlichen und Fürstlichen Linie, die Nachfolger zu benennen gestatte. Aber trotz dieser Rechtfertigungen des Wahlrechts gelangt schließlich die Schrift zu dem Anerbieten: „daß sie alle und jedesmal, so oft eine jede Stelle der Regierung erlediget, den primogenitum oder ältister Sohn, dafern er — zur Regierung habilis und qualificirt, aus der erledigten Linie zur Regierung wieder benennen wollen." Demgemäß wollen die Stände jetzt den Herzog „als ihres Gottseligen Herrn Vaters ältester Sohn für ihren regierenden Herrn angenommen haben."

Der erste definitive Schritt war damit geschehen, um das alte Privileg formell zu verlassen. Gerade darum offenbar legte der Ausschuß die Erklärung der vollen Versammlung der Landstände zur Genehmigung vor. Sie erfolgte. Und wiederum wird die Schrift durch eine Deputation von 12 ritterschaftlichen Mitgliedern überreicht (13. December).

Von Seiten des Herzogs ist die Aufnahme eine günstige und es wird ein fernerer Widerspruch nicht erhoben. Anders die Königlichen Räthe. Sie erklären in ihrer Resolution, wie ihre gemessene Instruction dahin gehe, Verwahrung einzulegen für den Fall, daß die Stände die Erbhuldigung nicht pure, simpliciter et absolute leisteten, sondern sub nova quadam specie juris nominandi Vorbehalte machten. Die Regierung habe bisher einzig und allein auf der erblichen Succession beruht, sowohl unter den Schauenburgern, als den Oldenburgern. Nicht nur das Mandat Kaiser Rudolfs von 1590, sondern noch neuerdings das Kaiserliche Erkenntniß für Johann d. J. von 1605 habe „den Ständen ihre freie Wahl durch ein öffentliches abgefaßtes Urtheil gentzlich abgeschnitten, cassiret, annulliret, abgesprochen, in Staub und Asche geleget." Ueberdies sei das Privileg an sich nichtig, denn Christian I. habe zum Präjudiz des obersten Lehnsherrn und der Krone Dänemark Nichts festsetzen können und König Christian IV. selbst habe nach erreichter Mündigkeit, gegen das Wahlrecht Protest eingelegt. Hierbei müsse es der König, als oberster Lehnsherr, bewenden lassen, die Landschaft huldige oder huldige nicht. Nöthigenfalls werde der König unter Beistand des deutschen Kaisers die Erbhuldigung zu erzwingen wissen.

Die Weise war schroff und wegwerfend. Das Begräbniß der Gemahlin Johanns d. J. war für Viele aus der Ritterschaft ein erwünschter Vorwand, um den Landtag zu verlassen. Der Ausschuß aber mußte zu einem Schlusse kommen und wenigstens die Haltung des Herzogs war eine günstige. Darauf baute man denn. Einer vom Adel ward mit einer neu formulirten Erklärung an ihn abgeschickt und der Herzog erklärte sich mit der Primogeniturclausel zufrieden. Schnell geschah die schriftliche Abfassung der Erklärung über die Erbhuldigung dahin:

„Weil die hiebevor deswegen gebrauchten Wörter etwas exos und nachdenklich angesehen werden wollen, daß bemelte Praelaten, Ritter- und Landschafft nunmehro den durchläuchtigen Hochgebohrnen Fürsten und Herrn, Herr Friedrich, Erben zu Norwegen, Hertzogen zu Schleswig-Holstein, Stormarn und der Dithmarschen Graff zu Oldenburg und Dellmenhorst, alß Weyl. des Durchlauchtigen Hochgebohrnen Fürsten und Herrn Johann Adolfen, Erben zu Norwegen, Hertzogen zu Schleswig, Holstein, Stormarn und der Dithmarschen, Graffen zu Oldenburg und Delmenhorst 2c., Christmilder Gedächtnis hinterlassenen ältisten Sohn für Ihren regierenden Landes Fürsten und Herrn erkennen und annehmen, deroselben auch alle schuldige gebühr leisten wollen."

Aber wenn auch der Herzog für seine Person zustimmte, es bedurfte doch noch der Communication mit den königlichen Gesandten. Diese sind auch jetzt am 15. December um Nichts fügsamer. Sie verlangen insbesondere, daß in der Erklärung das Wort „alß" gestrichen und dagegen der Zusatz gemacht werde „für ihre von Ihro kayſ. und königl. May. belehnten, regierenden Landesherrn."

Die Landschaft wendet dagegen ein, daß gerade das Wort „alß" das Primogeniturrecht enthalte und daß nach jenem Zusatz „das jus investituro einzig und allein causa efficiens der Regierung" sei. Ohne Weiteres geben die Königl. Commiſſare zu, daß dies cardo negotii sei. Sie fordern eben die Huldigung einfach und ohne Weiteres, denn das jus primogeniturae concernire nicht die Unterthanen, sondern nur die Herrschaft, welche sich hierin ohne Zuthun der Landschaft und Unterthanen zu vergleichen habe.

Nochmals versuchen es die Stände mit Gründen. Sie bemerken, wie bei der Belehnung als einzigem Entscheidungsgrunde ein Interregnum oder die etwaige Verzögerung der Investitur das Land in Ungewißheit über die Regierung versetze, wie die Primogenitur das Mittel sei, um Johann d. J. und Erzbischof Johann Friedrich von der Betheiligung an der Regierung abzuhalten. Die Königlichen Commiſſare erklären Dem gegenüber einfach, daß ihre Inſtructionen ihnen jedes Nachgeben verböten.

So bleibt noch der einzige Weg übrig, sich an den König in Perſon zu wenden, der damals in Huſum weilte. Der Königliche Statthalter wird von den Ständen mit dieser Miſſion betraut und in der That kehrt dieſer am 17. December „Gott sei Lob und Dank" mit der fröhlichen Botschaft wieder: der König laſſe ſich die ſtändiſche Erklärung gefallen.

Der zweite Abschnitt der Verhandlungen des Landtages hatte die Aufgabe, eine Einigung über den Wortlaut der Privilegienconfirmation herbeizuführen. Faſt ſchien es, als ob ſich der ganze eben geſchlichtete Streit noch einmal wiederholen ſollte. Der Entwurf, welcher von Seiten der Commiſſare eingebracht wurde, enthielt bedeutende Abänderungen gegenüber den früheren Beſtätigungsformeln. Insbeſondere waren die Stände ſehr beunruhigt durch die eingeſchobene Clauſel: „jedoch die bis hiezu prätendirte freye wahl und was ſonſt in den Privilegien nach Ablauf der Zeit in desuetudinem gekommen und geändert iſt, ausgenommen." Sie weigerten ſich die Clauſel anzunehmen, insbeſondere weil dadurch das Wahlrecht als unberechtigt hingeſtellt und weil daſſelbe als ganz wegfällig behandelt werde, da doch der eben verglichene Abſchied dahin gegangen ſei, daß das Wahlrecht auf das jus primogeniturae gebracht und vergewiſſert ſei. „In welcher Vergleichung das jus electionis ita restrictum, dem nach auf alle künftige fälle, wenn man den Sachen ſcharf nachſinnete, ſonderlich andere Herren damit abzuhalten, ſeinen effect und nutzbare wirkung behielte."

Die Stände ſchlagen vielmehr anſtatt dieſer beſchwerlichen Clauſel die andere vor: „jedoch den punctum electionis vor inſerirter erklerung nach ad primogenitum¹) restringirt." Auch hierüber wird noch hin und her ver-

---

¹) Es iſt zu bemerken, daß faſt ſämmtliche Handſchriften der Landtagsacten von 1616 an dieſer Stelle „ad jus primogeniturae" ſetzen. Allein es ergibt ſich aus dem kurz darauf folgenden Satze, daß dies ein Schreibfehler iſt und daß es heißen muß „ad primogenitum." Denn die Landesherren fordern gerade „jus primogeniturae" gegenüber dem von den Ständen gewünſchten „primogenitum."

handelt, bis man sich endlich über die Formel vergleicht: „jedoch den punctum electionis vor inserirter erklerung nach ad jus primogeniturae reducirt."

Nachdem man so weit gediehen, wurden noch am 19. December die Verhandlungen über Erledigung der Gravamina gepflogen. Am 20. December endlich wurden die Privilegien nach Maßgabe der festgestellten Bestätigungsurkunde beschworen und die Huldigung von den Mitgliedern des Landtages in der hergebrachten feierlichen Weise geleistet.

Damit endigte der Landtag von 1616, welcher eine langjährige Entwicklung in Schleswig-Holstein zum Abschluß brachte.

*

§ 5. Der Landtagsabschied.

Das Resultat aller derjenigen Verhandlungen des Landtags von 1616, welche sich auf das Wahlrecht beziehen, ist in officieller Weise niedergelegt in der Privilegienconfirmation Herzog Friedrichs III. Sie ist diejenige Urkunde, welche den zwischen den Landesherren und den Landständen vereinbarten Landtags-Abschied enthält. Jede rechtliche Beurtheilung des Landtages von 1616 und seiner Ergebnisse findet den festen Boden und den sichern Ausgangspunkt nur in dieser Urkunde.

Ihr wesentlicher Wortlaut ist folgender:

„Wir — Friedrich — bekennen hiemit:

Nachdem wir nach tödtlichen Abgang — des — Johan Adolfen — als deßen Eltister Sohn und nunmehr regierender Herr zuvorderst — von den — Prälaten, Mannen, Rähten, Städten und Einwohnern dero Fürstenthümer Schleswig und Holstein die Erbhuldigung und gewöhnliche Eide und Pflicht begehret und gefordert und sie sempftlich — uns als den Eltisten Sohn und nehisten Successoren in der Regierung vermöge ihrer — endlichen erklerung, welche — also lautet:

Nach gepflogenen vielfältigen — tractaten die geforderte Erbhuldigung belangend, erkleren die Prälaten, Ritter und Landschaft — sich hiemit dahin: „„Weil die hiebevor deswegen gebrauchten wörter etwas exoss und nachdenklich angesehen werden wollen, das bemelte — Landschaft nunmehr den — Herrn Friederichen —, als weiland des Herrn Johan Adolfen — ältisten Sohn für ihren regierenden Landesfürsten und Herrn erkennen und annehmen, deroselben auch alle schuldige gebühr leisten wollen. Dagegen geleben sie dieser unfehlbaren Zuversicht, J. F. G. ihre Privilegien zu confirmiren auch die gravamina abschaffen, gnedig geneiget sein werden,""

solche begehrte Erbhuldigung, Eidt und Pflicht gehorsamblich — geleistet und gegeben,

Das Wir den — Prälaten, Ritterschaft ꝛc. — — Ihre Privilegien, Freiheiten und Begnadigungen, — allermaßen sie dieselbe wol hergebracht, (Jedoch den Punctum electionis vor inserirter erklerung nach ad jus Primogeniturae reduciret) verneuert, confirmiret — und verbeſſert haben — — —."

Nach der eigenthümlichen Schreibweiſe der damaligen Zeit ſind alſo gerade die entſcheidenden Worte, welche einen neuen Zuſtand der Dinge begründen ſollten, in eine Parentheſe eingeſchaltet. Dieſe Parentheſe bietet aber für eine nicht willkürlich unterſchiebende Auslegung ganz allein folgende Alternative:

1) Entweder bedeuten die Worte „vor inſerirter Erklärung nach" dies, daß die Reducirung des Wahlrechtes auf die Primogenitur ihre Beſchränkung finden ſoll in der vorhergehenden landſtändiſchen Erklärung, welche von Herzog Friedrich als älteſtem Sohn Johann Adolfs ſpricht und mithin allein die Erbfolge von Sohn zu Sohn in der Gottorfiſchen Linie in's Auge faßt. In dieſem Falle würde die Primogenitur das Wahlrecht nur erſetzt haben, für die Deſcendenz Johann Adolfs und zwar in ihrer Folge von Sohn zu Sohn. In dieſem Falle iſt überhaupt für die Erbfolge der Seitenverwandten etwas Neues nicht beſtimmt. Das Verhältniß der Gottorfer Linie zu der Königlichen und innerhalb dieſer wiederum zur Deſcendenz König Chriſtians IV. auf der einen und der Johanns d. J. auf der andern Seite, ja ſelbſt die Folge der Seitenverwandten in der Gottorfer Linie iſt, was die eventuelle Succeſſionsordnung in die gemeinſchaftliche Regierung betrifft, in keiner Weiſe normirt oder auch nur berührt. Vielmehr iſt in allen dieſen Fällen durch den Landtagsabſchied von 1616 das Wahlrecht der Stände in voller Wirkſamkeit geblieben.

Nimmt man an, daß dieſes Wahlrecht auch noch heute der Ausübung fähig iſt, dann kann es nothwendig nur in den Grenzen zur Anwendung kommen, in denen es überhaupt am Anfange des 17. Jahrhunderts beſtand. Gerade auf dem Landtage von 1616 iſt in dieſer Rückſicht jene den Privilegien gemäße und authentiſche Interpretation des Wahlrechtes von den Ständen abgegeben, welche die Verpflichtung ausſprach, daß die Wahl bei Erledigung der Regierung ſich innerhalb der Linie des Verſtorbenen zu bewegen habe. Es iſt erwieſen, daß Johann d. J. damals zur Königlichen Linie gerechnet wurde und zwar im bewußten Gegenſatz zur Gottorfer Linie, und es iſt damit dargethan, daß **eine Wahl, die nach dem Abſterben der Deſcendenz Chriſtians IV. ſtattfinden ſollte, das Recht und die Pflicht hätte, allein die Deſcendenz Johanns d. J. zu treffen.**

Nimmt man das Andere an, daß mit dem Verſchwinden der alten Stände auch das alte Wahlrecht unanwendbar ſei, dann giebt es keine andere allſeitig anerkannte Quelle der Entſcheidung als das Lehnrecht. Dieſes würde nach dem Ausſterben der älteren Königl. Linie die in der nähern Linie dem Grade nach Nächſten berufen, denn das Linealgradualſyſtem iſt gerade für Schleswig-Holſtein unzweifelhaft in Geltung, wenn nicht die ſo Berufenen durch ein Hausgeſetz ſo gebunden wären, daß ſie Einem unter ſich den Vorzug geben müßten, wie es das alte und neue Recht des Landes fordert, und wie dies durch den Erbvergleich der Söhne Herzog Alexanders von 1633[1]) für die noch blühenden Zweige der jüngeren Königlichen Linie der Fall iſt.

---
[1]) Falck, Urkundenbuch pag. 113.

2) Oder aber — und dies ist die zweite Alternative — man betrachtet jene Worte „vorinserirter Erklärung nach" nicht als Beschränkung, sondern lediglich als Motiv, als eine historische Verweisung.

Dann ist die Reducirung des Wahlrechtes auf die Primogenitur ohne jede Beschränkung geschehn. Eine bestimmte Beziehung auf diese oder jene Linie des Oldenburger Hauses ist in diesem Falle durch Nichts gerechtfertigt. Vielmehr ist in jedem Fall der Erledigung der gemeinschaftlichen Regierung für die Wiederbesetzung derselben der Vorzug, welchen die Primogenitur-Ordnung giebt, so sehr entscheidend wie früher die Wahl der Stände.

Ueber die Annahme dieser oder jener Alternative allein kann auf Grund der Privilegien-Confirmation ein Zweifel stattfinden und dieser Zweifel wird seine Lösung finden müssen aus dem historischen Zusammenhang, der Bedeutung des Landtagsabschiedes und den stattgehabten Vorverhandlungen.

Trotzdem hat man es versucht, aus den Vorgängen des Jahres 1616 anderweitige Schlüsse zu ziehen. Es sind bisher in der Literatur, allerdings über Andeutungen nicht hinausgehend, folgende Ansichten hervorgetreten:

1) Daß die Einführung der Primogenitur-Ordnung lediglich stattgefunden habe zu Gunsten der Descendenz König Christians IV. und Herzog Friedrichs III., während dem Hause Sonderburg lediglich die alte Wählbarkeit geblieben sei;

2) Daß, weil nur die beiden regierenden Linien sich Erbrechte begründeten, die Nebenlinie Johanns d. J. auf jeden Fall erst nach dem Aussterben sowohl der älteren Königlichen als auch der Gottorfer Linie zur Succession gelangen könne.

Beide Behauptungen widerstreben dem Wortlaute derjenigen Urkunde, welche uns allein den officiellen Abschluß der Verhandlungen darbietet. Sie müssen gegen den Wortlaut derselben aus den zurückliegenden Verhandlungen geschlossen werden. Sie haben darum alle Regeln der Interpretation gegen sich. Denn wo das Gesetz nicht unterscheidet, sind auch wir nicht befugt zu unterscheiden. Erheischt es ferner für die Gegenwart große Umsicht, wenn die auseinandergehenden Ansichten und die verschlungenen Debatten der Ständeversammlungen als Interpretationsmaterial eines Gesetzes benutzt werden sollen, so ist es doppelt schwierig, eine ausdehnende oder beschränkende Interpretation auf Verhandlungen zu gründen, welche uns immerhin die Gewähr vollständiger Ueberlieferung nicht bieten und welche in eine längstvergangene Zeit zurückreichen, deren Anschauungsweise sich immerhin nur annäherungsweise reproduciren läßt.

Nichts desto weniger soll es versucht werden auf Grund des vorhandenen Materials sowohl eine Entscheidung zu treffen zwischen jenen beiden Alternativen als die aufgestellten Ansichten einer näheren Prüfung zu unterziehen.

§ 6. Ist die Einführung der Primogenitur wirksam auch für Johann den Jüngeren und dessen Linie?

1. Es ist außer Zweifel, daß ein die Primogenitur anordnendes Hausgesetz eine Nebenlinie des Hauses, welche nicht durch ausdrückliche Aufnahme darunter begriffen wird, weder berechtigt, noch verpflichtet.

Solche Hausgesetze sind in allen Linien des Oldenburger Hauses im Anfange des 17. Jahrhunderts eingeführt worden: die Primogeniturordnung Johann Adolfs von 1608, der Erbvergleich der Söhne Alexanders von Sonderburg von 1633 und das Primogeniturstatut König Friedrichs III. von 1650. Sie alle sind lediglich für die Leibeserben eines jeden Stifters wirksam, sie haben keinen Bezug auf das Verhältniß der verschiedenen Linien zu einander. Sie alle konnten aber auch als Hausgesetze mit rechtlicher Wirksamkeit nur die privativen Aemter und Landschaften jeder einzelnen Linie betreffen. Denn diese, als rein patrimoniale Objecte betrachtet, unterlagen ohne jede Beschränkung der reinen Lehnsfolge und es fand in Bezug auf ihre Vererbung keinerlei Einwirkung der Stände Statt.

Die Verhandlungen des Landtags von 1616 betreffen nicht die Aemter und Landschaften, sondern allein die gemeinschaftliche Regierung. Für diese aber konnten einseitige Verfügungen der Landesherren durch ein Hausgesetz keine bindende Kraft haben. Denn die strenge Gemeinschaft duldete nicht einseitige Verfügungen des einen Inhabers über seinen Antheil und noch bestand das Recht der Stände einen bestimmten Einfluß auf die Succession in die gemeinschaftliche Regierung auszuüben.

Allerdings versuchten es die Königlichen Landtags-Commissare den Standpunkt des Hausgesetzes auch für die gemeinschaftliche Regierung zur Geltung zu bringen.

Sie schnitten jede Discussion mit der Behauptung ab:

„Das jus primogeniturae aber concernirte nicht die Unterthanen, besondern die Herrschaft, welche sich hierum ohne Zuthun der Landschaft und Unterthanen zu vergleichen." Dagegen gestand Herzog Friedrich zu: „wie wol solches cum consensu ordinum geschehen sollen" und der König selbst giebt dem rechtsbegründeten Einspruch der Stände nach.

In Folge dessen werden die Landtagsverhandlungen von 1616 über die Primogenitur nicht geführt vom König und Herzog, als Häuptern ihrer Linien, sondern in ihrer Eigenschaft als Landesherren und gegenüber den Ständen, als mitentscheidendem politischen Factor. Nirgends tritt die Ansicht zu Tage, ein bloßes Hausgesetz den Ständen zur Anerkennung vorzulegen. Es ist nicht bloß ein Verhandeln des Gottorfer Herzogs, um auf Grund der Primogeniturordnung Johann Adolfs, welche nur einmal und beiläufig erwähnt wird, zur Regierung zu gelangen, sondern es ist ein Streit zwischen den beiden Trägern der Landeshoheit und den Ständen um das oberste Landesgesetz, welches die gemeinschaftliche Regierung betrifft.

Wie bisher das Wahlrecht gegenüber Jedermann, der den Eintritt in die gemeinschaftliche Regierung beanspruchen konnte, nach Maßgabe der Privilegien anwendbar war, so sollte von jetzt an die Primogeniturordnung den Eintritt in die gemeinschaftliche Regierung normiren. Als Landesgesetz soll diese Bestimmung jeden Erbberechtigten treffen.

Wenn die Privilegien Christians I. und ihre Bestätigungen die rechtliche Grundlage der Landesverfassung waren, welche Alle binden sollte, so konnte eine Bestimmung, welche als Aenderung derselben vereinbart wurde, nicht als ein bloßer Privatvertrag zwischen dem Herzoge oder zwischen beiden Herren als Stammhaltern ihrer Linien und den Ständen betrachtet werden. Der Aufnahme der Primogenitur-Klausel in den Tenor der Privilegienbestätigung entspricht allein die Annahme eines für Jedermann und für alle Fälle wirksamen Landesgesetzes.

Um diese landesgesetzliche Wirkung zu erzeugen, bedurfte es der ausdrücklichen Zustimmung der nicht regierenden Agnaten nicht. Denn die Individualsuccession innerhalb des Lehnrechtes, welche die Primogenitur begründete, war ein zur Zeit der ersten Belehnung wohlbegründetes Recht des Landes, entsprach den alten Satzungen des Reiches und fand eine neue Stütze in der damaligen Rechtsentwickelung Deutschlands. Als Landesgesetz für die gemeinschaftliche Regierung verpflichtete und berechtigte die Primogenitur-Ordnung von 1616 auch Johann d. J. und seine Linie.

II. Zu dem nämlichen Ergebnisse führt eine nähere Betrachtung des Inhalts dieser gesetzlichen Bestimmung.

Die Succession in die gemeinschaftliche Regierung wurde bisher bestimmt durch zwei Momente: durch die Lehnsfolgeordnung und durch die Wahl der Stände unter den durch die Lehnsfolge Nächstberufenen. Dieses zweite Moment hat nunmehr eine Reduction erfahren auf das Recht der Erstgeburt, oder wie die Stände selbst sich ausdrückten, es wurde bewirkt, „daß das jus electionis auf das jus primogeniturae were gebracht und vergewissert."

Die Aenderung des Privilegs trifft hiernach das Wahlrecht als solches und ihre Wirkung muß genau so weit gehen, als die bisherige Ausübung des Wahlrechtes ging. Ist es nun aber unzweifelhaft, daß Johann d. J. und seine Linie eventuelle Erbansprüche auf die gemeinschaftliche Regierung besaßen, und kam darum auch ihnen gegenüber, falls die Bedingung ihres Erbrechts, d. h. das Aussterben der älteren Königlichen Linie eintrat, das Wahlrecht der Stände in Frage, so muß auch ihnen gegenüber die Reducirung und Vergewisserung des Wahlrechts auf die Primogenitur wirksam sein.

Diese Wirkung ist von den Ständen selbst in klarer Weise hervorgehoben worden. Sie sagen, um die Primogenitur zu befürworten:

„Zu dem, wen die investitura soll angesehen werden, so seind J. F. G. Herzog Hans zu Sonderburg, imgleichen J. Erzbischöfliche Gn. zu Bremen[1]) mit diesen beiden Fürstenthümern von kayf. oder kön. May. auch belehnet, mußten dieselbige auch also zu Regierung zugelassen und konten wieder von der Herrschaft oder Landschaft nicht abgehalten werden, welches durch dies Mittel juris primogeniturae geschehen kann."

---

[1]) d. i. der Bruder Johann Adolfs, Johann Friedrich.

Es ist damit die bestimmte Absicht ausgesprochen, die neue Ordnung auch auf Johann den Jüngern anzuwenden, und wenn hier zunächst nur die aus der Primogeniturordnung für die Nachgebornen fließende Verpflichtung hervorgehoben ist, so konnte doch diese nur unter stillschweigender Anerkennung der entsprechenden Berechtigung gedacht werden. Recht und Pflicht sind die sich gegenseitig bedingenden Seiten der rechtlichen Ordnung.

Dem widerspricht es keineswegs, wenn die Stände an anderer Stelle, ihrem Wahlrecht, auch nachdem dasselbe auf das jus primogeniturae gebracht und vergewissert worden, eine gewisse Wirkung beilegen, indem sie erklären: "in welcher Vergleichung das jus electionis ita restrictum demnach auf alle künftige Fälle, wen man den Sachen scharf nachsinnte, sonderlich andere Herren damit abzuhalten, seinen effect und nutzbare wirkung behielte." Denn dieser Ausspruch, der übrigens zur Begründung einer von den Landesherren verworfenen Fassung der Parenthese diente,¹) bezweckt nicht eine Beschränkung der Primogenitur, sondern bezweckt nur ihre Sicherstellung. Es war die Meinung der Stände, durch die Hinweisung auf den geschichtlichen Zusammenhang der neu eingeführten Primogenitur mit dem in den Privilegien begründeten Wahlrecht, die erstere auch denen gegenüber zur Geltung bringen zu können, welche es versuchen würden, ihr die Anerkennung zu verweigern. Sie geben vielmehr auch hier zu erkennen, daß sie die neu eingeführte Primogeniturordnung auch auf die damals schon abgezweigten Linien angewandt wissen wollen.

Wohl aber entspricht dieser Auffassung des Wirkungskreises der Primogenitur der ganze Gang der Verhandlungen. Es scheint in der That, als ob die Stände anfänglich die Absicht gehabt haben, dem Anerbieten der Primogenitur eine geringere, dem Vorbehalte des Wahlrechtes eine größere Tragweite zu geben. Ihr erster Vorschlag geht nur dahin: "den primogenitum oder ältesten S o h n, dafern er zur Regierung h a b i l i s und qualificirt aus den erledigten Linien zur Regierung wieder b e n e n n e n zu wollen." Sie wollen sich also nur zu einer bestimmten Ausübung des Wahlrechtes verpflichten. Im Verlauf müssen die Stände freilich Schritt vor Schritt zurückweichen. Aber noch im letzten Stadium schlagen sie die Klausel vor: jedoch den punctum electionis ad primogenitum restringirt, welche immerhin noch an eine bloße B e s c h r ä n k u n g des Wahlrechts zu Gunsten der P e r s o n des Erstgebornen denken ließ. Die Landesherren stellen im Gegensatze hierzu die Fassung auf: ad jus primogeniturae reducirt. Ihr Sinn kann nur dieser sein: nicht bloß eine Beschränkung, sondern eine Umwandlung des Wahlrechtes, nicht bloß das persönliche Vorrecht des einzelnen Erstgeborenen, sondern die Primogenitur als die das Wahlrecht in seinem ganzen Umfange ersetzende O r d n u n g zu bezeichnen.

Wenn nun endlich Stände und beide Landesherren über die letzte Fassung sich vereinigen, so ist es unmöglich, den Inhalt dieses vereinbarten Landesgesetzes dahin zu bestimmen, daß es nur für gewisse Personen und deren Linien die Primogenitur anordne, für andere aber den Ständen ihr Wahlrecht vorbehalte, daß das Wahlrecht doch nur beschränkt (restringirt) und nicht in seinem ganzen Umfange

---

¹) Nämlich der Fassung: ad primogenitum restringirt.

umgewandelt (reducirt) sei, daß man nur gewisse Erstgeborene als Thronfolger anerkenne und nicht schlechthin die Primogenitur als allgemeine Ordnung feststelle.

III. Die allgemeine Wirksamkeit der Primogeniturordnung von 1616 auch für die Linie Johann des Jüngern findet endlich noch ihre Begründung in dem Umstande, daß es sich nicht um die gesetzliche Schaffung neuer und bisher nicht angewandter Normen handelt. Es ist gezeigt worden, wie in allen Fällen, sowohl in der Königlichen, als in der Gottorfer Linie schon bisher der Vorzug der Erstgeburt unter mehreren zur Regierung gleich Berechtigten ausnahmslos beachtet wurde. Mit Recht mochte der Kaiser in der Confirmation des Gottorfer Statuts sprechen von einer „für diesem bei dem Hause und Stamm Hollstein gebräuchlich gewesene Primogenitur oder Gewohnheit Successionis,"[1]) und ebenso empfiehlt eine Stimme des Landtagsausschusses von 1616 den Vorschlag der Primogenitur durch die Bemerkung: „zumahl die Landschaft ohne das allewege den Eltisten respectiret, auch das jus primogeniturae im heil. Röm. Reich überall observiret würde." Der Landtag von 1616 hat in der That nur eine Observanz zu fester gesetzlicher Anerkennung gebracht.

Allerdings war hiermit eine wichtige Veränderung im Bestande der landschaftlichen Rechte verbunden, aber die Rechte und Pflichten der Successionsberechtigten sind dadurch nicht berührt worden. Wie es bisher das Wahlrecht gewesen war, welches die Individualsuccession in die gemeinschaftliche Regierung verbürgte, so dient eben diesem Zweck jetzt die Primogenitur. Nur das Mittel wechselt. Geschah bisher die Bezeichnung des Regierungsnachfolgers unter mehreren Gleichberechtigten von Fall zu Fall durch die Stände, so geschieht dies jetzt durch eine feste Ordnung für alle Fälle.

Weder in der Neuheit des Grundsatzes noch in einer Veränderung der Rechte und Pflichten der Betheiligten ist der Grund zu finden, welcher eine Anwendung der Festsetzungen von 1616 auf Johann d. J. und seine Linie verhinderte. Sehen wir vielmehr in dem Allen nur den formalen Abschluß der Entwickelung des Successionsrechts in Schleswig-Holstein, welcher bereits Landübliches fest normirte und welcher dem allgemeinen Entwickelungsgang in ganz Deutschland sich anschloß, so würde es eine seltsame Erscheinung sein, wenn an einer Linie des herrschenden Hauses das Alles spurlos vorübergegangen sein sollte und wenn man für sie einen von allen Seiten bekämpften, höchst singulären Zustand sorgsam bewahrt hätte.

---

[1]) Falck Urkundenbuch pag. 96.

§ 7. **Würde aus dem Festhalten des Wahlrechts gegenüber Johann d. J. und seiner Linie ein erbrechtlicher Vorzug der Gottorfer vor der jüngern Königlichen Linie folgen?**

Gegenüber der Alternative, ob die Einführung der Primogenitur auf dem Landtage von 1616 lediglich für die Descendenz Herzog Friedrichs III. und von Sohn zu Sohn beabsichtigt war, oder ob sie als eine allgemeine Successionsordnung für die gemeinschaftliche Regierung in Schleswig-Holstein Geltung hat, haben wir uns für das Letztere entschieden.

Wir lassen für den ferneren Gang unserer Untersuchung diese Entscheidung fallen.

Wir fragen: wenn es sich erweisen ließe, daß die Verhandlungen von 1616 über die Primogenitur lediglich rechtliche Wirkung gehabt haben, sei es gegenüber der Gottorfer Linie allein, sei es gegenüber dieser und der älteren Königlichen Linie mit Ausschluß des Hauses Sonderburg, würde es damit erwiesen sein, daß die Gottorfer Linie nach dem Erlöschen der Descendenz Christians IV. ein näheres Erbrecht auf die ehemalige gemeinschaftliche Regierung in den privilegirten Districten besitzt, als die Descendenz Johanns d. J.?

Durch die Vorgänge von 1616, so sagt man, entstanden in Schleswig-Holstein zwei Erbklassen des regierenden Hauses: eine erste Klasse mit reinem, unbedingten Erbrechte und eine zweite Klasse der Wählbarkeit (die Sonderburger) welche zwar ebenfalls, wie denn unleugbar, Erbrechte besitzt, deren Realisirung aber im einzelnen Falle durch die Wahl der Stände bedingt ist.

Es ist wohl klar, daß aus dem bloßen Factum des Entstehens zweier solcher Klassen mit Nothwendigkeit der Vorzug der einen vor der anderen keineswegs folgt. Denn der bloße Umstand des reinen Erblichwerdens eines bestimmten Rechtes kann offenbar dessen Natur und dessen Stärke nicht verändern, kann die Bedingungen seiner Geltendmachung gegenüber Dritten nicht anders gestalten. Nähme man an, daß das Erbrecht Johanns d. J., obwohl in seiner Realisirung bis zu einem gewissen Grade bedingt durch die Wahl der Stände, bis zum Jahre 1616 ein näheres oder doch zum mindesten ein vollkommen gleiches wie das der Gottorfer gewesen wäre, so kann doch daraus, daß die Stände gegenüber der Gottorfer Linie eines gewissen Rechtes verlustig gingen, unmöglich folgen, daß die Erbberechtigung der Gottorfer zu einem Rechte des Ausschlusses gegen Johann den Jüngern und seine Linie und daß die frühere Näher- oder Gleichberechtigung dieser Sonderburger zu einer Minderberechtigung geworden ist.

In der That beruht die ganze Folgerung auf einer doppelten Voraussetzung. Auf der Voraussetzung, daß das Wahlrecht der Stände ein nur im Allgemeinen an das Haus Oldenburg gebundenes, sonst aber ein durchaus freies und willkürliches gewesen sei, und auf der andern damit in engster Verbindung stehenden Voraussetzung, daß die eventuellen Successionsrechte der einzelnen Mitglieder des Oldenburger

Hauses nicht feste, sondern ohne Rechtsverletzung willkürlich mobificirbar gewesen seien.

Eine andere ist die Anschauung, welche wir begründet haben.

Das Wahlrecht der Stände, beschränkt auf die gemeinschaftliche Regierung, hat von jeher die Successionsordnung des Lehnrechtes zur Voraussetzung gehabt. Noch auf dem Landtage von 1616 interpretiren die Stände die Privilegien Christians I. dahin: „Das nemlich neben andern die Landstände, wen und so oft die regierende stelle vaciren würde ihre freie Khür und Wahl haben sollten, einen aus dero **Kindern** oder in mangel beroselben **negsten** Erben zum regierenden Herrn zu erwehlen." Ueberall ferner tritt in den Verhandlungen die Ansicht hervor, daß das Wahlrecht nur die Aufgabe habe die Untheilbarkeit der Herzogthümer, soweit sie noch bestand gegenüber den nach Lehnrecht Gleichberechtigten zu wahren „damit die Lande nicht durch vielfältige Herrschaft einer Linie zerrissen werden."

Das Wahlrecht der Stände war insbesondere nach einmal stattgehabter Theilung gebunden an die beiden regierenden Linien. Auf dem Landtage von 1616 ist es anerkannt worden, daß bei dem Tode des einen Theilhabers die Verpflichtung bestand, zunächst aus der Linie des Verstorbenen zu wählen. Mit dem Aussterben der Descendenz Christians IV. würden die Stände die Pflicht gehabt haben, vor den Gottorfern Johann d. J. und seine Descendenz zu wählen, wie diese umgekehrt ein Recht auf diese Wahl vor den Gottorfern besaßen.

Das Wahlrecht der Stände afficirte die agnatischen Rechte nicht mehr und nicht stärker, als dies jede Anordnung der Individualsuccession innerhalb der Successionsordnung des Lehnrechtes vermag.

Es ist nun aber ein unbezweifelter Satz des Lehnrechtes, daß die eventuellen Successionsrechte der Agnaten, wie sie ihre rechtliche Quelle lediglich in der ersten Verleihung an den gemeinschaftlichen Ascendenten finden, so den Charakter der Unentziehbarkeit und Unverletzlichkeit nach Maßgabe der ersten Verleihung besitzen. Diese Festigkeit und Unentziehbarkeit des agnatischen Rechtes hat in nachdrücklichster Weise für Johann den Jüngern Anerkennung gefunden durch seine Aufnahme in die Gesammtbelehnung Holsteins und Schleswigs, durch die Haltung und Entscheidung der Lehnsherren gegenüber den Protesten der Stände, durch die rechtskräftige Verurtheilung dieser Stände zur Huldigung und Fräuleinsteuer trotz alles Wahlrechtes. Es kann aber eine Schmälerung solcher agnatischer Rechte durch eine einseitige Veränderung der Successionsordnung ohne Zustimmung der Betroffenen mit rechtlicher Wirksamkeit nicht stattfinden. Sie wäre null und nichtig.

Ist es erwiesen, daß bis zum Jahre 1616 die eventuellen Successionsrechte Johanns d. J. und seiner Söhne trotz und mit dem Wahlrechte der Stände den Vorzug hatten bezüglich des königlichen Antheils an der gemeinschaftlichen Regierung vor den Successionsansprüchen der Gottorfer, so können diejenigen Verhandlungen, welche einseitig zwischen den regierenden Herren und den Ständen stattfinden, dieses Vorzugsrecht rechtsgültig nicht beseitigt haben.

Geben wir aber selbst für einen Augenblick die Auffassung zu, daß das Wahlrecht der Stände unter den Agnaten nicht an eine bestimmte Successionsordnung gebunden war, so ist doch damit gerade dies behauptet, daß sämmtliche Agnaten gegenüber dem Wahlrechte der Stände bis zum Jahre 1616 die volle Gleichberechtigung besaßen, daß sämmtliche Agnaten ein gleiches Recht auf den Zutritt zur gemeinschaftlichen Regierung hatten, dessen Realisirung allein von einem der Disposition der einzelnen Agnaten entzogenen Umstande abhing. Diese ihre Stellung war verbürgt und gesichert durch die Privilegien und durch diejenige Belehnung, welche 'nach Verleihung der Privilegien an Christian I. und dessen „legitimi successores" für Holstein erfolgte und durch die spätere Anerkennung Schleswigs als eines altväterlichen Lehns. Die Gleichberechtigung insbesondere Johanns d. J. im agnatischen Lehnsverbande ist anerkannt, wiederum durch seine Belehnungen sowohl mit Schleswig als mit Holstein und sie hat in dem Processe mit den Ständen die reichsgerichtliche Bestätigung empfangen.

Wenn Dem gegenüber die Verhandlungen von 1616 bewirkt haben sollen, daß Johann d. J. und seine Descendenz principiell und auf jeden Fall einem neu geschaffenen bessern Erbrechte der Gottorfer an dem königlichen Antheile nachzustehen haben, so ist selbst bei dieser von uns nicht getheilten Auffassung der eventuellen Successionsrechte eine vollkommene Aenderung der Stellung dieser Linie im lehnrechtlichen Verbande vor sich gegangen, welche ihre Rechte aus der ersten Verleihung schmälert. Es lag in der Hand der Gottorfer, sich die Erblichkeit ihres besessenen Antheils und selbst die Erblichkeit ihrer eventuellen Rechte auf den Fall, daß die Sonderburger Linie vorher erlosch, oder daß sie durch Ausübung anerkannter Rechte Dritter ausgeschlossen wurde, zusichern zu lassen; aber ihre eventuellen Rechte in ein bisher nicht bestehendes Ausschließungsrecht gegenüber der jüngeren Königlichen Linie und ohne deren Zustimmung umzuwandeln, eine neue Successionsordnung zu schaffen, welche den Gottorfern gestattete kraft eigenen Rechtes und nicht kraft einer verfassungsmäßigen Ausübung ständischer Rechte, die bisherige Gleichberechtigung Johanns d. J. und seiner Linie zu beseitigen — dies lag außerhalb der rechtlichen Möglichkeit.

Verhandlungen, welche solche Ziele verfolgten, Verträge Dritter, welche sie ins Leben zu führen suchten, würden nichtig sein gegenüber der jüngeren Königlichen Linie. Denn niemals hat diese ihre Zustimmung ausdrücklich oder stillschweigend ertheilt.

Ob derartige Absichten überall im Jahre 1616 vorhanden waren? Keine Spuren sind in den uns vorliegenden gleichzeitigen Aufzeichnungen und Actenstücken in dieser Richtung zu entdecken.

Es widerspricht eine solche Annahme der Natur der obwaltenden Verhältnisse. Denn war es zweifellos, daß die Vererbung der privativen Aemter und Landschaften nach den gewöhnlichen Regeln des Lehnrechts stattfand, so würde eine Anordnung, welche die Succession in gemeinschaftliche Regierung nach ganz andern Gesichtspunkten regelte, zu einer Spaltung und zu einer Gestaltung der territorialen Verhältnisse geführt haben, welcher jeder innere Halt mangelt. Es würden in dem heute vorliegenden Falle sämmtliche Aemter und Landschaften, welche sich im Nachlasse König Friedrich VII. befanden, der jüngeren Königlichen Linie, welche zweifellos nach der Successionsordnung des Lehnrechtes die näher berechtigte ist, anheimfallen und zwar mit der vollen Souverainetät. Denn der zwischen dem König und dem Gottorfer Herzog abgeschlossene Traventhaler Friede vom 18. Aug. 1700 bestimmt in seinem 3ten Artikel: „also hiegegen hat in denen übrigen schon getheilten Landen, Ämbtern und Städten, als dem Seinigen, jeder Theil die souveraine und hohe Landesfürstl. Gewalt und daraus herfließende Jura ganz allein und privative zu exerciren und soll nie dem andern Theile unter dem „Praetext" einiger Communion oder was Vorwand sonst seyn möchte, zu keiner Zeit einige Behinderung noch Eintrag geschehn." [1]) Die Gottorfer Linie aber würde ganz allein die geographisch zersplitterten, ehemals gemeinschaftlichen Districte der Prälaten und Ritterschaft ansprechen können. Denn auch die stets schwache gemeinschaftliche Hoheit über gewisse Städte ist später factisch und ausdrücklich noch vollkommen aufgehoben worden. [2])

Es widerspricht aber auch eine solche Annahme der historischen Entwickelung der einschlagenden Verhältnisse und dem Gange der Verhandlungen von 1616.

Das Wahlrecht hatte thatsächlich nach seiner Entstehung hundert Jahre geruht und der reinen Anwendung der Lehnfolge Raum gegeben. Als es sich wieder geltend machte, sah es sich von allen Seiten durch die Lehnrechte beschränkt und es mußte sich begnügen einer größern Zersplitterung der gebildeten Antheile am gemeinschaftlichen Regimente zu steuern. Aber selbst in diesen Grenzen vermochte es sich nur mit Mühe zu behaupten. Die beiden Lehnsherren, der deutsche Kaiser für Holstein, der König für Schleswig erklärten das Wahlrecht für nichtig und unverbindlich. Die Agnaten bestritten dasselbe. Johann d. J. erwirkte bei den Reichsgerichten lediglich auf Grund seiner Investitur und trotz der Berufung der Stände auf ihr Wahlrecht die Anerkennung seines Rechtes auf Erbhuldigung und Fräuleinsteuer.

In diesem Zusammenhange stehn die Verhandlungen von 1616. Mit vollem Rechte sagt ein Mitglied des ständischen Ausschusses: „Der scopus totius negotii sei, daß das jus electionis nicht mehr statt haben, besondern die Regierung auf das jus investiturae fundirt sein solle" und die landesherrlichen Schriftstücke können es nicht eindringlich genug wiederholen, daß sie alles Successionsrecht auf das Lehnrecht gründen. Die Stände haben denn auch das Wahlrecht als solches nur schwach vertheidigt. Nur dagegen treten sie mit aller Kraft ein, „daß das jus investiturae einzig und allein die causa efficiens der Regierung sein sollte." Sie wollen eine Bürgschaft dafür, daß die Individualsuccession auch nach Anerkennung des Lehnrechtes und bei seiner reinen Anwendung in Geltung bleibe, und in dieser Beziehung finden sie in der Primogenitur den Ersatz für das Wahlrecht.

Aber dies ist und bleibt das Resultat: das Wahlrecht unterliegt dem Lehnrechte. Dieses allein kommt zur Geltung mit der Modification, welche das Recht und die Observanz des Landes in Uebereinstimmung mit den alten Sätzen des Reichsrechtes und deren Wiederbelebung erheischte.

Es erscheint als undenkbar, daß von dieser Gesammt-Entwicklung die Eine Linie des landesherrl. Hauses ausgenommen, und daß dem abgeschwächten Wahlrechte noch im Augenblicke des Erlöschens, in dem Augenblicke, wo es den Anforderungen des Lehnrechtes definitiv unterlag, die Kraft beigewohnt habe, die

---

[1]) Falck Urkundenb. pag. 229.
[2]) f. Falck Privatrecht I. pag. 325 u. Rendsburger Erläuterungsreceß von 1712 a. 7. Urkundenbuch pag. 258.

Successionsordnung des Lehnrechts zu brechen und zu verkehren, indem es einer entfernteren Linie den Vorzug vor der näheren verschaffte.

Im Laufe des 17ten Jahrhunderts hat die Sonderburger Linie nur mit äußerster Anstrengung ihre Rechte gegenüber den regierenden Linien zu behaupten vermocht. Bei jeder Gelegenheit wird sie verkürzt und bedroht. Es werden Verträge geschlossen, um die Erbrechte der jüngeren Königl. Linie auf Pinneberg und Oldenburg-Delmenhorst hinter die Erbrechte, wie der älteren Königlichen so insbesondere der Gottorfer zu stellen. Auch bei den Processen über Erbhuldigung- und Fräuleinsteuer, so wie über die Steuerpflicht der Sonderburger Districte kamen die eventuellen Erbrechte vielfach in Frage. Auch bei dieser Gelegenheit suchten sie die Gottorfer zu bestreiten und zurückzusetzen. In der bänderreichen Streit-Literatur, in den umfangreichen Actenconvoluten, welche uns vorliegen, sind natürlich verschiedene Gründe für solche Behauptungen, die sich niemals und nirgends in allen diesen Streitigkeiten der Anerkennung auch nur Eines Rechtsspruchs irgend einer Instanz erfreuen konnten, geltend gemacht. Aber niemals ist es in jener Zeit, welche den Ereignissen nahe stand, versucht worden, aus den Verhandlungen von 1616 und ihren Resultaten einer Successionsordnung abzuleiten, welche in dem Rechte der monarchischen Staaten Europa's eine Absonderlichkeit und im Systeme des der Erbfolge in Schleswig-Holstein zu Grunde liegenden Lehnrechtes etwas schlechthin Unbegreifliches sein würde.

§ 8. Resultate.

I. Das Wahlrecht der Stände war von jeher beschränkt durch das Lehnsrecht und seine Successionsordnung:

1) Das Wahlrecht hat nur die Bestimmung gehabt, die Individualsuccession zu wahren, d. h. unter den nach der Successionsordnung des Lehnrechtes gleichzeitig Berufenen den regierenden Herrn zu benennen.

2) Nach stattgehabten Theilungen waren die Stände verpflichtet, unter den nächsten Lehnserben eines Jeden der regierenden Herren zu wählen, sie mußten eine Mehrheit regierender Linien anerkennen und konnten unter Uebergehung der Lehnsfolger einer Linie eine Consolidation der Herrschaft nicht eintreten lassen.

3) Die Wahl bezog sich lediglich auf die Theilnahme an der gemeinschaftlichen Regierung.

4) Das Wahlrecht der Stände konnte die gleichberechtigte Stellung auch der in der gemeinschaftlichen Regierung nicht Theil nehmenden Agnaten im Lehnsverbande und deren eventuelle Successionsrechte weder brechen noch ändern.

5) Die Wahl der Stände hat ausnahmslos bei mehreren gleichberechtigten Lehnsfolgern den Vorzug der Erstgeburt anerkannt.

II. Johann d. J. und seine Descendenz gehörten nach den Anschauungen und nach dem officiellen Sprachgebrauche der Zeit zu der Königlichen Linie.

Die Stände waren verpflichtet, bei dem Aussterben der älteren Königlichen Linie Johann d. J. und seine Descendenz zur gemeinschaftlichen Regierung zu wählen und sie waren nicht berechtigt, in diesem Falle der Gottorfer Linie den Vorzug einzuräumen.

III. Die Vorgänge von 1616.

1) Durch den Landtagsabschied von 1616 wurde das Wahlrecht in seinem ganzen Umfange durch die Primogeniturordnung ersetzt.

2) Die Primogeniturordnung ist dadurch nicht eingeführt im Sinne eines Hausgesetzes für eine oder einzelne Linien des regierenden Hauses, sondern im Sinne eines Landesgesetzes, welches die Ordnung aller Successionsfälle in der gemeinschaftlichen Regierung und darum das Verhältniß der einzelnen Linien zu einander bestimmt.

IV. Auf Grund des ehemaligen ständischen Wahlrechts und des Landtagsabschiedes von 1616, auf Grund des Lehnrechtes und des Sonderburger Primogeniturstatuts ist der Herzog Friedrich der allein berechtigte Erbe Schleswig-Holsteins.

Ueber die

Theilungen von 1564 und 1582.

Ueberreicht der Deutschen Bundesversammlung am 3. November 1864.

§ 1. Die thatsächlichen Verhältnisse.

Nach dem Tode König Friedrichs I. (1533), welcher die Herzogthümer unter seinem Regimente nach früherer Theilung wieder vereinigt hatte, ergriff König Christian III., zugleich im Namen seiner drei unmündigen Brüder (Johann, genannt der Aeltere, Adolf und Friedrich) die Regierung. Zehn Jahre hatte er dieselbe geführt, als er selbst in ängstlicher Gewissenhaftigkeit auf Theilung im Jahre 1543 antrug. Nur auf Andringen der schleswig-holsteinischen Landräthe verschob er auf kurze Zeit die Auseinandersetzung. Dann wurden die Theilungsanschläge nach Maßgabe der Revenüen — auf jeden Theil sollten 18096 Mark 1 Schilling jährlicher Rente kommen — gemacht und zwar mußten vier Theile gebildet werden. Eine große Zersplitterung stand dem Lande bevor. Jedoch gelang es, den jüngsten Bruder Friedrich für seinen Antheil durch die Stifte Schleswig und Hildesheim abzufinden. Er verzichtete zu Gunsten seiner älteren drei Brüder, von welchen er überdies eine jährliche Rente von 3000 Thlr. empfing.[1]

Hiernach wurde der Theilungsbrief über die „väterliche, angeerffte Fürstenthum Schleßwig, Holstein und Stormarn" am Lorenztag 1544 von den drei Brüdern ausgefertigt.

König Christian III. erhielt das Hauptschloß Sonderburg, Herzog Johann d. Ä. das Hauptschloß Hadersleben, Herzog Adolf das Hauptschloß Gottorf, ein jedes mit den beigelegten Districten. Von den Zöllen in Gottorf und Rendsburg sollten die Schulden, die auf den einzelnen Besitzungen lasteten, getilgt, der Revenüenüberschuß aber ebenfalls getheilt werden.

Gemeinschaftlich blieben — neben den Rechten an Hamburg — nach Maßgabe ihrer Privilegien Städte und Klöster mit der Mannschaft.

Diese drei Haupttheile blieben in den Herzogthümern bestehen bis nach dem kinderlosen Tode Herzog Johann des Aelteren (1580).

---

[1] Das Verzeichniß der Urkunden von 1544 und 1549 bei Christiani, Geschichte II. pag. 137 und 248.

Auf seinen Nachlaß erschienen berechtigt die Söhne des früher verstorbenen Bruders Christian III. (König Friedrich II. und Johann der Jüngere) und Herzog Adolf, der überlebende Bruder. Aber Streit entstand. Von herzoglicher Seite behauptete man, durch die Nähe des Grabes einen Vorzug zu haben, von königlicher Seite dagegen machte man das Repräsentationsrecht der Bruderskinder geltend, welches das gemeine Lehnrecht anordnet. Nach mannigfachen Verhandlungen siegte in den beiden Flensburger Vergleichen vom 12. August und 19. September, sowie in dem Theilbriefe vom 19. September 1581 der Rechtsanspruch der königlichen Seite.[1])

Der Theilungsvertrag traf keine Bestimmungen hinsichtlich der gemeinschaftlichen Regierung und Districte; nur im Allgemeinen wahrt er die Privilegien der Landschaft. Vielmehr bezog er sich nur auf die privativen Lehen und unbeweglichen Güter (die Aemter und Landschaften) des Verstorbenen. Diese wurden in zwei gleiche Hälften nach vorgängiger Taration zerlegt und die eine mit Hadersleben, Törning, Rendsburg dem Antheil des Königs, die andere Hälfte mit Tondern, Nordstrand, Fehmern, Lügumkloster und Bordesholm dem Antheile Herzog Adolfs zugelegt. Die Ansprüche an Hamburg kamen auch diesmal nicht in Theilung, dagegen wurden die Einkünfte der Zölle in Gottorf und Rendsburg ebenfalls halbirt.

So wurden die beiden Haupttheile in Schleswig-Holstein, der Königliche und der Gottorfische, gebildet. Sowohl der Königliche als der Gottorfische Antheil hat Untertheilungen erfahren.

1) Die Untertheilungen im Königlichen Antheile.

Nach der Haupttheilung von 1544 starb 1559 König Christian III. und hinterließ drei Söhne, König Friedrich II., Magnus und Johann den Jüngeren. Nur Friedrich II. war mündig und so führte er lange Zeit allein die Regierung und die Verwaltung des Königlichen Antheiles.

Erst 1564 kam es unter Vermittelung der Königin Wittwe Dorothea und der beiden Herzöge Johann d. Ä. und Adolf zur „Erbtheilung" der „angeerbten Fürstenthümer, Land und Herrschaften," d. h. zur „starken Theilung" genau derjenigen Objecte, welche der Vater in der Haupttheilung von 1544 erhalten hatte. Magnus hatte seinen dritten Theil an König Friedrich II. bereits cedirt und so kam es nur noch darauf an, den dritten „gebührenden" Theil Johann des Jüngeren auszuscheiden.

Dies geschah im Theilungsrecesse vom 27. Januar 1564. Johann d. J. empfing die Häuser Sonderburg, Norburg, Plön mit aller Zubehörung, Herrlichkeit und Gerechtigkeit und das Kloster Arnsböck. Nur die Rechte auf Hamburg blieben ungetheilt.

Als nach den Verträgen von 1581 die Hälfte des Nachlasses Johann des Aelteren dem Königlichen Antheile zugesprochen worden war, mußte natürlich auch dies zur Theilung gebracht werden, denn, wie sie sich selbst nennen, Friedrich und

---

[1]) S. die Theilungsverhandlungen in: Nord-Albingische Studien IV, pag. 286 ff. — Die Urkunden bei: Ostwald, pag. 11 und 14, in den antischleswig-holsteinischen Fragmenten IV, pag. 69 und 79 und bei: Falck, Urkundenbuch) pag. 79.

Johann waren „Consortes" an der Hälfte der Städte, Schlösser, Aemter, welche eben den Nachlaß Johanns des Ä. bildeten. Die „gleichmäßige, gebührliche Vergleichung" war nicht ganz leicht. Denn eine reelle Theilung jedes einzelnen nachgelassenen Lehnstückes hätte zu einer argen Zersplitterung der Aemter und Landschaften geführt. Deßhalb fanden genaue Taratlonen statt und darnach empfing Johann d. J. für seinen dritten Theil — denn auch jetzt kam die Cession des Bischofs Magnus an König Friedrich in Rechnung — die Klöster Reinfeld und Ruhekloster, wobei aber wiederum einzelne zerstreute Pertinenzgüter gegen andere umgetauscht wurden, ferner den dritten Theil der Revenüen Johanns d. Ä. an den Zöllen von Gottorf und Rendsburg und für seinen Antheil an Ditmarschen endlich läßt er sich mit der Uebernahme einer Schuld von 20000 Rthalern befriedigen. Herzog Johann sollte das Zugewiesene besitzen „allermaßen und nicht weniger, als wir König Friedrich unseren angefallenen Erbtheil an Herzog Johanßen gottseeligen verlebigten Gütern gebrauchen und genießen."

Diese „brüderliche Theilungssache" zu „völliger Contentirung und Abfindung" „des angeerbten ganzen und dritten Theils" Johanns d. J. fand ihren Abschluß in einem Recesse vom 23. April 1582 [1]).

2) Eine **Untertheilung im Gottorfischen Antheile** fand statt als der jüngste Sohn Herzog Adolfs, der Erzbischof von Bremen Johann Friedrich, von seinem nach dem Tode der älteren Brüder zur Regierung gelangten Bruder Herzog Johann Adolf den „kind- und brüdelichen" Antheil forderte und sich deshalb sowohl an den König von Dänemark, als an den deutschen Kaiser wandte. Trotz seines Sträubens mußte sich Herzog Johann Adolf zum Vergleiche vom 20. Juni 1606 bequemen, durch welchen Johann Friedrich außer Tremsbüttel und Steinhorst, auch Eismar, Neustadt, Oldenburg und die Insel Fehmarn erhielt.[2]) Nach dem kinderlosen Tode Johann Friedrichs (1634) und nachdem Johann Adolf 1608 für seine Descendenz die Primogenitur angeordnet hatte, blieb der Gottorfische Antheil in ungeschmälertem Bestande.

Aus diesen Thatsachen ergibt sich:

1) Theilungen, bei denen die Gottorfer concurriren, haben in Schleswig-Holstein nur dergestalt stattgefunden, daß auf der andern Seite als Paciscent der König stand. Niemals aber ist getheilt worden zwischen Johann dem Jüngeren, dem Stifter der Speciallinie Sonderburg, einerseits und der Linie Gottorf andrerseits. Johann der Jüngere hat lediglich und allein mit dem Könige getheilt.

Daraus fließt kraft eines einfachen Rechtssatzes, welcher Verträgen unter zwei Contrahenten jede Wirkung auf Dritte abspricht, daß alle Theilungsrecesse und alle auf solchen Theilungen basirende Rechtsgeschäfte, welche Johann d. J. jemals geschlossen hat und welche seine Linie treffen könnten, die Gottorfer weder verpflichten noch auch berechtigen. Sie sind denselben gänzlich und in jeder Rücksicht fremd.

2) Die Haupttheilungen bilden und erweitern die Besitzungen der einzelnen Linien des Hauses. Im Verhältniß der Linien zu einander werden die so gebildeten Haupttheile als Einheiten angesehen und gerade darum sind die Untertheilungen

---

[1]) Falck, Urkundenbuch, pag. 82 ff.
[2]) Waitz, Schl.-H.'s Gesch. II, pag. 437.

lediglich innere Angelegenheiten der einzelnen Linien und insbesondere der Königlichen Linie.

So geschah es, daß der König die Verhandlungen über den Nachlaß Johann d. Ä. allein führte und den Theilungsreceß mit Herzog Adolf 1581 ganz allein auf seinen Namen stellte, obwohl Johann dem Jüngeren sein Recht auf einen Antheil niemals bestritten wurde. Der Herzog von Gottorf faßte die Sache ganz richtig, als er sagte: „Was J. K. M. von ihrem Antheil Johann d. J. wolle zukommen lassen, hat J. K. M. S. F. G. dabei kein Ziel oder Maas anzumuten."[1])
Dieses Verhältniß ist auch in späterer Zeit immer festgehalten worden.

Auf dem Kieler Landtage von 1609 beklagten sich die Königlichen Commissare, daß Herzog Johann d. J. von seinen Besitzungen die Fräuleinsteuer verweigere, „sintemahl unläugbar wahr, daß diese Fürstenthümer in 2 Theile von einander getheilet, deren das eine Theil die königliche Linie oder Regierung, den andern halben Theil aber die Gottorpische Linie besitzet. — und Herzog Johannsen zugelegter Antheil, **welcher in der königlichen Linie mit gehöret**, nicht eximiret noch von der Contribution entfreyet."[2])

In einer Sonderburger Streitschrift von 1667 wird noch bestimmter gesagt: „wie Sie (die Sonderburger) denn respectu Gottorf keine absonderliche Linie machen, sondern in der Königlichen mit begriffen, aber wohl nachmahl in unterschiedliche Häuser quoad posteros subdividiret sein."[3])

Die von den reichsunmittelbaren Besitzungen der Sonderburger Linie zu erlegenden Reichssteuern wurden, wie sie nach dem Theilungsvertrag von 1564 von Seiten des Königs eine Zeit lang allein bezahlt wurden, so später immer dergestalt abgetragen, daß sie zu dem königlichen Contingent nach Glückstadt als eine Quote flossen.[4])

In einer den Plönischen Successionsfall betreffenden Streitschrift endlich (Gründlicher Bericht 2c. Kopenhagen 1724), welche vom einseitigsten dänischen Standpunkte aus geschrieben ist, wird gesagt: „Dieses (Plönische Land) nun ist kein eigenes von sich absonderlich bestehendes Territorium — sondern latitirt unter dem königl. Antheil des Herzogthums Holstein."[5])

In allen diesen Verhältnissen zeigt es sich, wie die Besitzungen Johann des Jüngeren und seiner Descendenz als in einem nähern territorialen Verband zu den Besitzungen des Königs und seiner Descendenz stehen, als sie dies im Verhältniß zu dem Gottorfer Territorium sind. Es ist auch dies nur der Ausdruck für das nähere verwandtschaftliche Verhältniß der jüngeren zur älteren Königlichen Linie im Gegensatze zu der Linie Gottorf. Es liegt schon in der natürlichen Consequenz solcher Anschauungen, den Vorzug der näheren Linie auch im Erbfalle zur Geltung zu bringen.

---

[1]) Nordalbingische Studien V, pag. 294.
[2]) S. H. 36 I. pag. 757. 758. „S. Ueber das Wahlrecht der schl.-h. Stände 2c. pag. 16 Note 1.
[3]) Wohlbegründeter Gegenbericht in puncto collectarum pag. 8.
[4]) Hauptreceß von 1671. § 4. Oftwald pag. 49.
[5]) l. c. pag. 85.

§ 2. Einfluß der Theilungen auf das Erbrecht.

Ein solcher kann stattfinden:
1) kraft Rechtssatzes, welcher an das bloße Factum der Theilung eine Entziehung des Erbrechtes knüpft;
2) kraft besonderen Rechtsgeschäftes, welches die Parteien bei der Theilung hinsichtlich irgend welcher eventuellen Erbrechte schließen.

---

§ 3. Einfluß der Theilung auf das Erbrecht kraft Rechtssatzes. (Tottheilung.)

Das ältere deutsche Lehnrecht gab ein Erbrecht nur den Söhnen des letzten Vasallen, es schloß also alle Seitenverwandten des Verstorbenen von der Lehnserbschaft aus. Brüder, welchen das väterliche Lehn zufiel, waren gegen einander erbunfähig. Um diesem Rechtssatze zu entgehen, gab es nur ein Mittel. Die Brüder mußten unter sich das Lehn in ungetheiltem Besitze und Genusse halten. Ging dann Einer ohne Söhne mit Tode ab, so fand keinerlei Beerbung statt, sondern die andern Mitbesitzer und Mitgenießer wurden gleichsam nur von einer Beschränkung ihres Besitzes und Genusses frei. Sie rückten, obgleich Seitenverwandte, zwar in die Stelle des Verstorbenen, aber nicht kraft Erbrechtes, sondern kraft Consolidation. Wahrten sich die Brüder oder sonstige Seitenverwandten nicht in dieser Weise, schieden sie sich in Besitz und Genuß des Lehns, dann war dies Tottheilung, d. h. eine Theilung, welche alle Successionsrechte der Theilenden und aus der Gemeinschaft Scheidenden gegen einander aufhob.

Wollte man den Begriff der Tottheilung auf die Verhältnisse in Schleswig-Holstein anwenden, so würde gar Niemand erbberechtigt sein.

Nicht die jüngere Königliche Linie; denn, abgesehen davon, daß die Theilungen von 1564 und 1582 keine Tottheilungen waren, weil die jüngere Königliche Linie immerhin an einzelnen Gegenständen (Hamburg, Zölle) in Gemeinschaft blieb, weil die s. g. Landesdefension auch ihre Besitzungen mit umfaßte, weil sie sich endlich gegenüber den Landständen das Recht auf Erbhuldigung und Fräuleinsteuer vor dem Reichshofrathe erstritt, so ist sie doch dadurch aus jeder Gemeinschaft geschieden, daß sie alle ihre Besitzungen (Sonderburg 1668, Norburg 1730, Plön und Glücksburg 1756 und 1764) der älteren Königlichen Linie abtrat.

Nicht die Gottorfer Linie. Denn in dem Traventhaler Frieden[1]) wurde jede Gemeinschaft zwischen den königlichen und fürstlichen Aemtern und Landschaften aufgehoben und durch die Verträge von 1767 und 1773 traten die Gottorfer alle

---
[1]) s III. Falck Urkundenb. pag. 229.

ihre Besitzungen und Rechte in Schleswig und Holstein an den König von Dänemark ab.

Allein der ganze Begriff der Tottheilung ist seit dem 15. Jahrhundert unpraktisch, wie denn auch in unzähligen Erbfällen der neuern Zeit Niemand daran gedacht hat, solchen Seitenverwandten, welche als Apanagirte niemals irgend welchen Antheil an den Besitzungen und Rechten des Regenten besaßen, ihr Erbrecht nach der regelmäßigen Successionsordnung des Lehnrechtes und der Primogenitur zu bezweifeln.

Zwei Ereignisse haben die rechtliche Existenz der Tottheilung gänzlich aufgehoben:

I. **Die Ausbildung des Institutes der gesammten Hand.** Die gesammte Hand in diesem neuern Sinn bestand darin, daß diejenigen Seitenverwandten, die das Lehn theilten oder gänzlich aus der Gemeinschaft schieden, sich zusammen mit den besitzenden Vasallen in den Belehnungsact über das ganze Lehn aufnehmen ließen. Die Einwilligung des Lehnsherrn in die Theilung und seine trotz der Theilung erfolgende Belehnung mit dem gesammten Lehn ersetzt fortan das nach früherem Recht für nothwendig erachtete Erforderniß gemeinschaftlichen Besitzes der Gesammtländer. Die früher nothwendige Verbindung zwischen dem Gesammtempfang und der gesammten und gleichen Gewere ist dadurch gelöst: die rechtliche Folge der letzteren in den ersteren verlegt. Dadurch geschah es, daß das Lehn-Erbrecht der Seitenverwandten lediglich und allein bedingt war durch den Gesammtbelehnungsact, durch welchen sie von dem Lehnsherrn als Vasallen anerkannt wurden und auf dessen Erneuerung sie bei Beobachtung der ihnen in dieser Hinsicht obliegenden in den verschiedenen Ländern und Häusern sehr verschieden ausgebildeten Pflichten ein Recht hatten. Ja sogar Nichtverwandte konnten dadurch ein eventuelles Erbrecht gewinnen, daß sie sich in den Gesamtbelehnungsact aufnehmen ließen.

Mit dieser gesammten Hand ist die wirkliche Wirkung und daher der Begriff der Tottheilung gänzlich aufgehoben. Denn die Theilung und Ausscheidung aus der Gemeinschaft afficirte das Erbrecht nicht im Geringsten, wenn nur die gesammte Hand gewahrt wurde und umgekehrt, selbst die Aufrechthaltung der Gemeinschaft gab kein Erbrecht, wenn der Vasall seine nach dem speciellen Rechte ihm obliegenden Lehnspflichten bezüglich der Wahrung der gesammten Hand versäumt hatte.

In Holstein ist dieses Institut der gesammten Hand früher als in den meisten deutschen Ländern eingeführt worden, nämlich durch ein Privileg des damaligen holsteinischen Lehnsherrn, des Herzogs Johann von Sachsen für die Schauenburgischen Grafen vom Jahre 1307[1]) und seitdem ist die Anwendbarkeit des Begriffs der Tottheilung auf Holstein hinweggefallen.

II. **Die Reception des longobardischen Lehnrechts,** welches seit dem 15. Jahrhundert zum gemeinen Rechte Deutschlands und insbesondere die Entscheidungsquelle für alle Reichslehnssachen wurde, wenn nicht der stricte Beweis eines entgegengesetzten particulären Herkommens geführt werden konnte.

Das gemeine Lehnrecht gründet alles Erbrecht auf die Belehnung des

---

¹) Falck Urkundenbuch § 1.

ersten Erwerbers, dergestalt, daß alle agnatischen Descendenten dieses ersten Vasallen erbberechtigt sind. Theilungen oder Ausscheidungen aus der Gemeinschaft des Lehnsobjects sind ohne jeden Einfluß auf das Erbrecht. Der Begriff der Tottheilung ist hier ganz undenkbar. Es giebt nach gemeinem Lehnrecht keinen Rechtssatz, welcher Abgetheilte, Apanagirte, Paragirte, oder wie man sie sonst nennen will, von der Lehnssuccession, wenn sie die Successionsordnung trifft, ausschlösse. Vielmehr beruht alles Erbrecht der Seitenverwandten lediglich und allein auf der Altväterlichkeit desselben, d. h. auf dem Nachweis, daß der erste Erwerber des Lehns Ascendent des prätendirenden Vasallen war. Die Wahrung besonderer Formalitäten ist dem nicht besitzenden Seitenverwandten in keiner Weise aufgelegt.

Die Altväterlichkeit, als Grundlage der Lehnssuccession, bildet also einen Gegensatz zum Principe der gesammten Hand. Die Altväterlichkeit des Lehns bedeutet, daß die Lehnsfolge der Seitenverwandten auf Geblütsrecht beruht, während die gesammte Hand Seitenverwandte nur kraft des für sie selbst erwirkten Belehnungsactes, auf welchen sie nur als Söhne ihres beliehenen Vaters ein Recht haben, succediren läßt.

Dieses gemeine Lehnrecht und nicht das System der gesammten Hand gilt in Schleswig-Holstein, seitdem die Oldenburger den Thron bestiegen.

Allerdings hat man das Gegentheil behaupten wollen, weil in späterer Zeit Belehnungen zur gesammten Hand stattfinden.

Wo solche Belehnungen zur gesammten Hand neben dem geltenden gemeinen Lehnrecht vorkommen, haben sie keineswegs die Bedeutung des alten Instituts der gesammten Hand, welches Erbrechte erst gab, sondern sie wahren und beweisen nur bestehende agnatische Erbrechte. Es ist diese gesammte Hand des neuen Rechts juristisch ein ganz anderes Institut als die gesammte Hand des alten Rechts. Denn jenes hat die Altväterlichkeit des Lehns zur Voraussetzung und bestärkt nur diesen Charakter, dieses bildet den stricten Gegensatz zur Altväterlichkeit.

In Holstein kommt bis zum Jahre 1590 keine Belehnung zur gesammten Hand vor. Denn der Muthschein für König Johann und Herzog Friedrich von 1482,[1]) auf den man sich für den Beweis des Gegentheils berufen hat, sagt nur, daß die beiden Genannten ihr Lehn gemeinschaftlich gemuthet haben, und bei dieser Forderung ihres Lehns auch in einem zweiten angesetzten Termine alle beide („samptlich") verblieben sind. Auf die Form der demnächst ertheilten Belehnung läßt sich daraus nicht schließen, namentlich nicht, daß dieselbe eine Gesammtbelehnung für beide gewesen sein müsse.

Erst 1590 empfing Johann der Jüngere die „gesambte Lehn" an Holstein, aber „in allermaaßen die Seine Vor-Eltern Herzogen zu Holstein biß uff ihne bißhero inngehabt — haben."[2]) Der Kaiser, als Lehnherr hat dies selbst in unbezweifelbarer Weise interpretirt in dem bekannten Mandate von 1599, in welches er die Erklärung aufnimmt: „ob wir wol S. L. (Herzog Johann d. J.) mit der gesambten Hand an dem Fürstenthumb Holstein . . . . . in Krafft S. L. an dero Alt-Väterlichen fürstlichen Stamlehn ex

---
[1]) Ostwald pag. 8.
[2]) Ostwald pag. 26.

provisione primi concedentis et pactis majorum habender Gerechtigkeit gnädig belehnt." ¹)

Die gesammte Hand hat also für Holstein, eben weil hier gemeines Lehnrecht galt, den Charakter der Altväterlichkeit für Johann den Jüngeren nicht aufgehoben, welcher doch Seitenverwandter zu allen übrigen besitzenden Vasallen von Holstein war.

Dasselbe gilt für Schleswig. Der Odenseer Vertrag von 1579 regelte definitiv die Lehnverhältnisse dieses Herzogthums durch Vertrag zwischen dem Lehnsherrn und den Vasallen. In diesem Vertrage ist ausdrücklich die Altväterlichkeit des Lehns für die Vasallen, welche unter sich Seitenverwandte waren, anerkannt worden, und nur in Kraft dieses Vertrages fanden später Belehnungen zu gesammter Hand statt. Es heißt in diesem Vertrage:

"Erstlichen will die Königlichen Majestät vor sich und von wegen des Reichs Dännemarken Ihrem gnädigsten beschehenen Erbieten nach die Herzogen rc. mit dem Fürstenthumb Schleswig, sammt dem, was von Alters dazu gehörig, und der Insul Fehmarn als einem Altväterlichen vom Reiche Dännemarken herrührenden anererbten Fahnen-Lehen innerhalb Jahr und Tag, nach Vollenziehung des Vordrages würklich belehnen; dergestalt daß in solcher Belehnung, alle Herzogen zu Holstein, des Oldenburgischen Stammes, die izo leben oder künftig seyn werden, welche doch nicht allerbereits durch sonderliche Vordrage abgefunden und daran Verzicht gethan samt deren Nachkommen begriffen seyn sollen; wie dann Ihre Königl. Maytt. und deroselben Successores am Reiche Dännemarden JJ. FF. GG. und deroselben Lehens-Erben unweigerlich die renovationem investiturae oder Lehenreichung an solchen Fürstlichen Lehen-Stücken thuen u. wiederfahren lassen wollen."

In der Anerkennung der Altväterlichkeit liegt der Beweis, daß das gemeine Lehnrecht und damit das Geblütsrecht den alleinigen Successionsgrund in Schleswig-Holstein bilden. Denn die spätere und kraft ausdrücklichen Willens der Lehnsherren selbst nur accessorische Uebung einer Gesammtbelehnung konnte und wollte die einmal gegebene und rechtsgültig begründete Grundlage des Successionsrechts nicht ändern. Diese Gesammtbelehnung kann, wenn nicht ein voller juristischer Widerspruch statuirt werden soll, nur die Bedeutung einer Formalität, einer Sicherung, einer Erleichterung des Beweises des unabhängig von ihr bestehenden agnatischen Successionsrechtes bedeuten.

Hieran festzuhalten wird man um so mehr geneigt sein, wenn man sieht, daß die von Andern behauptete Anwendung des Princips der gesammten Hand in jenem früheren Sinne auch hier nur zu dem Resultate führt, daß zur Zeit keine Linie des Oldenburger Fürstenhauses in Schleswig-Holstein erbberechtigt sein, ja daß sogar die beiden letzten König-Herzöge der älteren Linie mit Unrecht den Thron der Herzogthümer bestiegen haben würden. Denn wer der Sonderburger Linie den Vorwurf macht, daß sie die gesammte Hand durch die seit 1751 unterlassene Muthung verloren habe, der muß nothgedrungen zugeben, daß sich die ältere Gottorfer Linie ganz in gleichem Falle befindet. Denn die Repräsentanten derselben

---
¹) Apologia Beilage Nr. VII.

haben, nachdem 1773 der Großfürstliche Antheil an Holstein definitiv an die ältere Königliche Linie abgetreten war, es versäumt, eine Gesammtbelehnung nachzusuchen. Die jüngeren Gottorfer Linien aber haben ebenso wenig eine solche jemals erhalten, wie der Prinz Friedrich (gest. 1805), der Vater und Großvater der letzten beiden König-Herzöge Christians VIII. und Friedrichs VII. aus der älteren Königlichen Linie.

Das Gewicht dieses Einwandes läßt sich auch unmöglich durch die Bemerkung beseitigen, daß in den Kaiserlichen Lehnbriefen seit 1621 (für Gottorf) und 1638 (für die ältere Königliche Linie) stets nächst den regierenden Herzögen zugleich deren männliche Leibes-Lehnserben mit dem Herzogthum Holstein belehnt worden sind, um daraus zu schließen, daß seitdem auch Seitenverwandte des jedesmaligen regierenden Königs und Herzogs als beliehen zu betrachten seien, sobald nur der gemeinsame nächste Ascendent in der bezeichneten Weise beliehen worden sei, und daß es daher für derartige Collateralen keiner besonderen Belehnung zur gesammten Hand bedurft habe. Denn zunächst ist nicht abzusehen, warum diese Schlußfolgerung, wäre sie richtig, nicht auch Johann dem Jüngeren und seiner Descendenz in ganz gleicher Weise zu Gute kommen sollte, da doch im Lehnbrief von 1474 Christian I. und seine legitimi successores beliehen sind. Sodann aber ist es offenbar, daß durch den jener Schlußfolgerung zum Grunde liegenden Rechtssatz, wäre er richtig, das ganze Institut der Gesammtbelehnung geradezu wegfällig würde. Seitdem die Erblichkeit des Lehns zur Regel wurde, war in der Belehnung des Vaters immer, mochte es ausdrücklich gesagt sein oder nicht, die Belehnung der männlichen Leibes-Lehnserben der Wirkung nach enthalten, welche letzteren beim Tode des Vaters eben nur Lehnserneuerung zu suchen haben. Und doch galt daneben im deutschen Lehnrechte der Satz: Lehn erbt nur der Vater auf den Sohn — ein Satz, den man in seiner die nicht besitzenden Seitenverwandten, mochten sie immerhin von früher belehnten Ascendenten abstammen, ausschließenden Wirkung erst durch die Ausbildung des Instituts der Gesammtbelehnung unschädlich zu machen suchen mußte. Denn nicht der Mangel der Belehnung, sondern der Mangel der Gewere schloß die nicht besitzenden Agnaten aus, und gerade der letztere Mangel ist es, der durch die Entwicklung, die man der Gesammtbelehnung gab, beseitigt werden sollte. Die Aufführung der männlichen Leibes-Lehnserben im Lehnbrief bedeutet eben nur die ohnehin als Regel festgestellte Erblichkeit des Lehns, entbindet aber, wo gesammte Hand gilt, keineswegs die nicht zum Besitz des Lehns gelangenden Descendenten von der Nothwendigkeit, die gesammte Hand zu suchen, um sich und ihrer Descendenz die Lehnfolge zu wahren.

Daran würde auch die Berufung auf die vom Kaiser confirmirten Primogenitnrordnungen von 1608 und 1650 nichts ändern, da durch sie zwar eine neue Successionsordnung eingeführt ist, aber keineswegs die Bedingungen des Successionsrechts eine Aenderung erlitten haben.

Hiernach kommen wir zu den Schlüssen.

Galt in Schleswig-Holstein die gesammte Hand, so war der Begriff der Tottheilung ausgeschlossen und auch die Abgetheilten und aus der Gemeinschaft geschiedenen Agnaten hatten Successionsrecht, wenn sie nur die Wahrung der gesammten Hand gegenüber dem Lehnsherrn (denn dieser allein konnte Lehnsfehler rügen und deren rechtliche Folgen urgiren), nachwiesen.

Galt in Schleswig-Holstein das gemeine Lehnrecht, so ist jede Theilung, die man früher als Tottheilung qualificirt hatte, ohne allen und jeden Einfluß auf das Successionsrecht der Seitenverwandten und es bedarf für die Wirksamkeit dieses Successionsrechts keinerlei Lehnsformalitäten.

Die Theilungen Johann des Jüngeren von 1564 und 1582 sind als solche unter allen Umständen ohne Einfluß auf sein und seiner Linie Successionsrecht. Es bedürfte dasselbe aber auch, falls sich der Lehnsherr fände, der es fordern könnte, nicht des Nachweises der Wahrung der gesammten Hand, denn diese hat nur als Cautel und nicht als **Grund** des Successionsrechtes in Schleswig-Holstein gegolten, welcher allein in dem Geblütsrechte und in der Altväterlichkeit des gemeinen Lehnrechts liegt.

---

§ 4. Einfluß der Theilung auf das Erbrecht kraft Rechtsgeschäftes.

Theilung oder Abtheilung ist die Handlung, durch welche die Auseinandersetzung einer unter mehreren Interessenten bestehenden Vermögensgemeinschaft bewirkt wird. Spricht man von Theilung, so denkt man sich die Vertragschließenden als in gleichmäßiger Thätigkeit den Theilungsact vornehmend. Spricht man von Abtheilung, so denkt man sich den Fall, daß der Eine die eigentliche Theilungsoperation als Verwalter der Gesammtmasse vornimmt und der Andere seinen Antheil von dem Ersten in Empfang nimmt.

Die Theilung oder Abtheilung hat an und für sich keine andere rechtliche Wirkung als die Aufhebung einer bisher bestandenen Rechtsgemeinschaft.

Die näheren rechtlichen Folgen sind durchaus bedingt von den besonderen Umständen des einzelnen Falles, nämlich von dem juristischen Charakter der bisherigen Gemeinschaft, dem Grunde der Aufhebung und insbesondere von den hinzutretenden Rechtsgeschäften.

Was die Wirkungen der Theilungen von 1564 und 1582 betrifft, so ergeben sich dieselben aus Folgendem:

I. Die vorgenommenen Theilungen sind Erbtheilungen und zwar 1564 des väterlichen Nachlasses, 1582 der auf die königliche Linie gefallenen Hälfte des Nachlasses Johann des Aelteren. Theilung, starke Theilung, Erbtheilung sind die Bezeichnungen in den Urkunden von 1564; in den Urkunden von 1582 heißt es, die Brüder hätten „als Consorten wegen des halben Theils, als uns zugleich angefallen, gleichmäßige gebührliche Vergleichung" vorgenommen, eine „brüderliche Theilungssache" liege vor.

Der Zweck beider Operationen ist, die bisher ideellen Antheile an einer Erbschaft in reelle Theile umzusetzen. Allerdings ist hierbei Johann d. J. von seinem Bruder „abgetheilt" worden.

Denn der König war es, der von 1559 bis 1564 die väterliche Erbschaft allein verwaltet hatte, und wiederum hatte er bei dem Erbschaftsfall Johann des

Aelteren die Verhandlungen mit dem Gottorfer Herzog Adolf allein geführt und die den Brüdern gebührende Hälfte zunächst sich allein auszantworten lassen. König Friedrich war es, der den jüngeren Bruder in den geschiedenen Besitz und Genuß des ihm gebührenden Theiles setzte. Aus diesem Sachverhältnisse heraus wurden die Glieder der jüngeren Königlichen Linie als „abgetheilte Herren" bezeichnet. Irgend welche juristische Qualification, insbesondere irgend welche Unterordnung oder Minderberechtigung kann aber aus dieser factischen Art und Weise der Theilung und ihrer ganz sachgemäßen Bezeichnung als **Abtheilung** nicht gefolgert werden.

II. Man hat die mit Johann d. J. getroffene Theilung auch **Abfindung** genannt. In der That sagt denn auch Johann d. J. in dem Verzichtsbriefe von 1564, er sei von seinem angeerbten Fürstenthum „gentzlich und all begnüget und abgefunden" und 1582: er habe Alles empfangen zu „völliger Contentirung und Abfindung unseres — angeerbten gantzen und dritten Theiles."

Auch dieses Wort „Abfindung" ist keinerlei juristisch technische Bezeichnung in dem gebrauchten allgemeinen Sinne.

Man kann darunter verstehen:

1) Die Befriedigung für einen zustehenden Anspruch, die volle Auszahlung, insofern damit der Abtheilende jedes weiteren Anspruches aus der bisherigen Gemeinschaft überhoben wird. In diesem Sinne allein steht das Wort in den vorliegenden Theilungsrecessen, denn Johann d. J. empfängt in ihnen nicht Mehr aber auch nicht Weniger als ihm gebührt.

1564 werden getheilt die angeerbten „Fürstenthümer, Land- u. Herrschaften", d. h. genau Dasjenige, was der Vater der beiden theilenden Brüder, Christian III., in der Theilung von 1544 zu seinem Antheile empfangen hatte. Hiervon empfängt Johann d. J. ganz genau den ihm, nachdem der zweite Bruder Magnus seinen Antheil an den König cedirt hat, „gebührenden dritten Theil", „mit aller Zubehörung Herrlichkeit und Gerechtigkeit" erblich zugetheilt.

1582 kommt zur Theilung der halbe Theil aller Lehen und unbeweglichen Güter des verstorbenen Johann des Ä., da die andere Hälfte Herzog Adolf empfing. Die Absicht der Vertragschließenden wird dabei auf das Bestimmteste dahin festgestellt: „Damit nur solche Güter uns König Friedrichen beisammen und ungetrennt gelassen und allen zu besorgenden Unrichtigkeiten bei Zeiten vorgebaut werde und gleichwohl unser geliebter Bruder alles Dasjenige, wozu derselbe wegen solches **seines dritten Theiles** befugt, ohne jeden Abgang empfange, so kommt man über die näheren Arrangements überein. Was hiernach Johann für seinen Theil empfängt, Das soll er so gewährt erhalten, ‚als Wir König Friedrich unsern angefallenen Erbtheil' — gebrauchen und genießen."

In allen diesen, sich häufig wiederholenden und jeden Zweifel ausschließenden Wendungen ist es ausgesprochen, daß es sich um eine vollkommene gleichberechtigte Theilung handelt. Man konnte daher die Mitglieder der jüngeren Königlichen Linie nur in dem Sinne „abgefundene" Herren nennen, wie man sie „abgetheilte" Herren nannte.

2) Man versteht aber häufig unter Abfindung auch eine solche Theilung, wodurch der eine Theilhaber nur einen geringen und insbesondere einen mit geringeren Rechten ausgestatteten Antheil empfängt und sich damit zu begnügen verpflichtet wird.

In diesem Sinne hat man denn auch die Theilungen von 1564 und 1582 als Abfindungen bezeichnet.

Hierzu ist nun aber nur dann die Möglichkeit vorhanden, wenn man diese Theilungen in Verbindung bringt mit der Thatsache, daß Johann d. J. einen Antheil an der gemeinschaftlichen Regierung niemals empfangen hat und nunmehr behauptet, Johann d. J. habe geradezu in der Absicht und zu dem Zwecke seine Antheile empfangen, damit er keine Ansprüche auf die gemeinschaftliche Regierung erheben könne.

Es ist die Richtigkeit in beiden Fällen zu untersuchen, denn es findet sich allerdings in beiden eine gewisse Verschiedenheit.

a) 1564 kamen die angeerbten „Fürstenthümer, Land- und Herrschaften" des Vaters zur Theilung und hierunter verstand man offenbar nicht bloß die privativen Aemter und Landschaften des Vaters, sondern auch seinen Antheil an der gemeinschaftlichen Regierung. Aber gerade weil man auch letzteren darunter verstand, so war es die ausgesprochene Absicht der Parteien, auch Johann d. J. an der gemeinschaftlichen Regierung zu betheiligen. Auf dem **nach** der Theilung (27. Jan.) stattfindenden Landtage (October) zu Flensburg forderte König Friedrich auch für seinen Bruder Johann die Erbhuldigung und zwar zum Zwecke des Eintritts in die gemeinschaftliche Regierung.[1]) Hier aber beriefen sich die **Stände** auf ihr Recht, eine Subdivision in der Betheiligung an der gemeinschaftlichen Regierung durch ihr Wahlrecht abweisen zu dürfen. So erhielt Johann d. J. in der That keinen Antheil an der gemeinschaftlichen Regierung — aber er hat für diese seine Nichtbetheiligung auch Nichts von seinem Bruder empfangen. Die Theilung ging ja voraus und die Nichtbetheiligung war **gegen** den Willen des Königs selbst erfolgt. Unter welchem Vorwande kann hier von einer **Abfindung** Johann d. J. in diesem Sinne gesprochen werden?

b) Im Jahre 1582 kamen nur die Lehen, unbeweglichen Güter, Zölle, Dithmarschen aus dem Nachlasse Johann d. Ä. zur Theilung, d. h. nur die sogenannten privativen Aemter und Besitzungen. Sein Antheil an der gemeinschaftlichen Regierung kommt gar nicht in Frage. Nicht mit einer Sylbe beziehen sich die Theilungsrecesse darauf, daß etwa die in ihnen geschehenen Theilungen irgend welche Beziehungen auf die gemeinschaftliche Regierung haben sollen. Johann d. J. empfing denn auch diesmal keinen Theil daran, wie er ihn nicht suchte. Aber er hat auch nicht das Mindeste gefordert oder erhalten, damit dies erfolge. Und welchen Sinn hätte es gehabt, wenn König Friedrich Johann d. J. in Bezug auf die gemeinschaftliche Regierung hätte „abfinden" wollen? In der That war ja der Zutritt zur gemeinschaftlichen Regierung abhängig von der Wahl der Stände; diese allein hatten das Recht, Mehrere aus einer Linie wie zuzulassen, so denn auch abzuhalten. An die Stände also allein hatte sich Johann d. J. zu wenden und wenn irgend Jemand bezüglich der gemeinschaftlichen Regierung überhaupt „abfinden" konnte, so waren es allein die Stände.

Das wahre Verhältniß ist also, daß Johann d. J. allerdings thatsächlich keinen Antheil empfing an der gemeinschaftlichen Regierung, daß dies aber geschehen ist **gegen die Absicht** des abtheilenden Bruders und daß Johann d. J. für seine

---

[1]) S. die Verhandlungen des Landtags bei Hegewisch, Geschichte I. pag. 477 ff.

Nichtbetheiligung an dieser Regierung niemals irgend welche Entschädigung empfing. Eine **Abfindung** Johanns d. J. in dem behaupteten Sinne hat niemals stattgefunden.

Selbst aber wenn eine solche Abfindung stattgefunden hätte, wie sie nicht stattgefunden hat, welche Einwirkung will man einer bloßen Abfindung, welche unter allen Umständen die jüngere Königliche Linie allein von der älteren und von Niemand sonst empfangen hätte, auf das Erbrecht einräumen? Oder sind nicht sämmtliche nachgeborene Prinzen eines Hauses, in welchem die Primogenitur eingeführt worden ist, gerade in diesem Sinne und kraft der ihnen zustehenden Apanagen und Deputate abgefunden? Nichts desto weniger succediren dieselben ganz zweifellos nach Abgang derjenigen Linie, welche sie abgefunden hat, und gerade ihre Abfindung ist es, welche zum Beweise dient, daß sie zu der abfindenden Linie in einem erbrechtlich näheren Verhältnisse stehen, als diejenigen Agnaten, welche von der abgehenden Linie eine solche Abfindung nicht erhalten haben.

III. Die Theilungsverträge sind verbunden mit gewissen Clauseln, aus welchen man Verzichte von sehr weitgreifender Bedeutung hat machen wollen.

Die einschlagenden Stellen sind folgende:

1) Im Theilungsrecesse von 1564 sagt zum Schlusse der König Friedrich, daß Johann d. J. diese Erbtheilung angenommen habe und sich darauf aller **väterlichen** Erbschaft und Gerechtigkeit an dem übrigen Fürstenthum und Land, worauf derselbe entweder früher oder auch künftig gegenüber uns und unsern Erben beim Todesfall der Mutter Anspruch erheben könnte, „gänzlich verziehen und begeben habe," daß darüber ein besonderer Verzichtsbrief ausgestellt werden sollte, „allermaßen als Wir (der König) uns der obigen Schlösser, Stadt, Amt, Kloster und anderen Gerechtigkeiten daran **auch** völliglich verziehn und begeben haben wollen."

2) Der Verabredung gemäß stellt denn auch Johann d. J. einen besonderen Verzichtsbrief aus, dessen entscheidender Passus lautet: „Daß Wir solches alles angenommen und damit von unserm angeerbten Fürstenthum gänzlich und all begnüget und abgefunden sein sollen und wollen, Uns auch darauf aller Zusprachen Recht und Gerechtigkeit, so wir an den übrigen Fürstenthumb Land und Herrschaften oder sonst in einige Wege **unserer väterlichen Erbschaft halber** bei Ihrer Königl. Majestät zuvor, nun und itzo oder auch künftig auf den Fall unsrer geliebten Frau Mutter tödtlichen Abgangs gehabt und haben könnten, — für uns und unsere Erben statt und unwiderruflich verziehen und begeben."

3) In dem Theilungsrecesse von 1582 heißt es sodann ebenfalls am Schlusse: „Wie wir uns denn auch aller ferneren Anforderung, Zuspruchs, Recht und Gerechtigkeit, welche wir wegen unseres anererbten ganzen Drittheils des Nachlasses Johanns des Aelteren an den erwähnten Landen, Schlössern, Städten und Aemtern vor dieser Zeit gehabt oder nochmals haben könnten oder möchten, für uns und unsere Erben freiwillig verziehn und begeben haben wollen."

Gehn wir hierbei von der Voraussetzung aus, daß Verzichte im technischen Sinne vorliegen, so bleibt doch so viel zweifellos, daß diese Verträge lediglich zwischen dem König und Johann d. J. geschlossen sind. So lange nicht behauptet werden kann, daß ein Verzicht, der einer bestimmten Person gegenüber und zu ihren Gunsten geleistet wird, ein Verzicht zu Gunsten Dritter sei, so lange werden auch diese angeblichen Verzichte nicht gebraucht werden können, um zu behaupten, daß nach Aussterben der älteren Königlichen Linie die jüngere zur Erbschaft jener darum nicht berufen sei, weil Johann d. J. einmal einen Verzicht ausstellte zu Gunsten König Friedrichs II. Insbesondere ist die Gottorfer Linie, welche diese Verträge nicht mitgeschlossen hat, in keiner Weise legitimirt, sich in irgend welcher Weise auf diese Verzichte zu berufen.

Gehn wir nochmals von der Voraussetzung aus, daß Verzichte im technischen Sinne vorliegen, so bleibt fernerhin zweifellos, daß ein Verzicht auf ein bestimmtes Etwas nicht ein Verzicht auf alles Mögliche, ein Verzicht auf gegenwärtige nicht ein Verzicht auf eventuelle Rechte, ein Verzicht auf die Erbschaft des Vaters oder Onkels nicht ein Verzicht ist auf die Erbschaft des Großvaters, Großonkels oder irgend eines entfernten Verwandten, welche dem Verzichtenden selbst oder seinen Kindern und Kindeskindern einmal zufallen könnte. Ist und bleibt dies richtig und thut man dem Sinne und Wortlaute der vorliegenden Urkunden, welche mit aller denkbaren Klarheit lediglich von der väterlichen Erbschaft und dem Nachlasse Johanns d. Ä. sprechen, nicht Gewalt an, so wird man aus diesen Verzichten niemals ableiten können, daß kraft dieser Urkunden die späten Nachkommen Johanns d. J. ausgeschlossen seien von der Erbschaft eines Nachkommens König Friedrichs II.

Allein es ist vor allen Dingen zu behaupten, daß in diesen Urkunden Verzichte im technischen Sinne gar nicht vorliegen. Denn unter Verzicht versteht man nicht jeden Verlust von Rechten, versteht man insbesondere nicht den Empfang einer Zahlung, die Realisirung von Rechten, welche immer die Wirkung haben, daß das Recht, die Forderung, welches realisirt und welche bezahlt wird, aufhört zu existiren, eben weil sie ihre Erfüllung gefunden haben, vielmehr verstehen wir unter Verzicht im technischen Sinne ein freiwilliges Aufgeben noch zustehender und nicht erfüllter gegenwärtiger oder eventueller Rechte und Forderungen.

Betrachten wir unter diesem Gesichtspunkte die vorliegenden Urkunden, so sind sie Nichts, als Quittungen, Empfangsbekenntnisse.

Johann d. J. hat den ihm gebührenden Antheil an der Erbschaft des Vaters und Onkels vom König Friedrich ausgezahlt erhalten. Diese Auszahlung war nothwendig verknüpft mit mancherlei schwierigen Berechnungen und Taxationen.

Bei solchen schwierigen Auseinandersetzungen, wo es sich nicht um Bezahlung einer einfachen und bestimmten Summe handelt, liegt die Gefahr nahe, daß noch späterhin die geschehenen Berechnungen und Taxationen in Zweifel gezogen werden, daß hier oder da geringere oder größere Nachforderungen gemacht werden, welche die definitive Auseinandersetzung in's Unendliche hinschleppen. Johann d. J. erklärt sich nun aber mit den stattgehabten Berechnungen und Operationen vollkommen einverstanden, er sieht sich als vollkommen befriedigt und bezahlt an und deshalb allein stellt er die Quittung mit der Verzichtsklausel aus. Es ist damit allein beabsichtigt, die geschehene Auseinandersetzung zu einer definitiven und durch künftige Nachforderungen oder Gegenberechnungen unanfechtbaren zu machen. Gerade darum aber geschieht es, daß auch der König seinerseits im Theilungsreceß von 1564 auf jeden weiteren Zuspruch auf den Erbtheil des Bruders wegen etwaiger Rechnungsfehler und Verkürzungen verzichtet.

Solche Quittungen mit Verzichtsklausel kommen heut zu Tage im täglichen Leben überall vor, wo es sich um Dechargirungen in verwickelten Verwaltungs-, Vormundschafts- und Erbtheilungssachen handelt, und diese Urkunden unterscheiden sich von den Urkunden von 1564 und 1582 lediglich dadurch, daß sie um 300 Jahre jünger sind.

Es gab einmal eine Zeit, wo man diese angeblichen Verzichte genau in der Weise auffaßte wie wir. Denn obgleich Johann d. J. bereits 1564 nach der entgegenstehenden Auffassung auf alle möglichen Erbschaften verzichtet haben sollte, so wurde er doch ganz ohne Weiteres zur Theilnahme an der Erbschaft Johann d. Ä. herangezogen und hat er, wie seine Nachkommen, die Gesammtbelehnung mit Holstein empfangen, haben endlich seine Nachkommen Oldenburg-Delmenhorst zugesprochen erhalten. Obgleich ferner der Odenseer Vertrag von 1579 ausdrücklich vorschreibt, daß nur Diejenigen mit Schleswig belehnt werden sollen, welche nicht bereits abgefunden und Verzicht gethan haben, so ist doch Johann d. J. selbst und seine Lehnserben von König Friedrich II. und dessen Nachfolgern mit Schleswig beliehen worden.

Erst in späterer Zeit tauchen diejenigen Interpretationen der Urkunden von 1564 und 1582 auf, welche darin wirkliche Verzichte und zwar auf alle möglichen Rechte und insbesondere eventuelle Erbrechte finden wollen. Man sprach von Abtheilungen in dem Sinne, als ob Johann d. J. als nachgeborener Prinz von dem erstgeborenen König dergestalt abgefunden sei, daß er und seine Descendenz niemals auf irgend welche mit Regierungsrechten verbundene Erbschaft Anspruch erheben könnten. Man versuchte die Erbtheilungen von 1564 und 1582 als reine Gnadensachen des Königs hinzustellen. Sogar die Gottorfer Linie berief sich auf diese Vorgänge, als ob sie jemals mit den Sonderburgern über ihre Besitzungen Verträge geschlossen hätte. Diese Behauptungen, ein unklares Vorwerfen von Abtheilung und Abfindung, eine Verbindung der thatsächlich und häufig genug gewaltsam gedrückten Stellung der Sonderburger mit jenen in das Unbestimmte interpretirten Verzichten wurden Johann d. J. und seinen Descendenten vorgehalten, als er von den Ständen Fräuleinsteuer und Huldigung forderte. Allein der Reichshofrath verwarf diese Einreden, indem er die paritorischen Urtheile von 1605, 1614, 1628 und die Definitivsentenz von 1634 ergehn ließ. Ebenso, wenn auch schüchterner, berufen sich die regierenden Herren auf jene Verträge, als sie die Ausschließung der Sonderburger von Oldenburg und Delmenhorst rechtfertigen wollen; daß ihnen auch dies Mal die Ausschließung nicht gelang, ist bekannt.

Es würde anderer Documente und Thatsachen bedürfen, um jetzt wieder die Behauptung versuchen zu können, daß die Descendenz Johanns d. J. ihrer eventuellen Erbrechte an Schleswig-Holstein für den Fall des Aussterbens der älteren Königlichen Linie durch die Erbtheilungen und durch Verzichte ihres Stammhalters verlustig gegangen sei. Das was man bisher dafür vorgebracht hat, widerspricht den thatsächlichen Umständen, dem klaren Buchstaben der Urkunden, den ursprünglichen und documentirten Absichten der Parteien, reichsgerichtlichen Urtheilen und aller juristischen Methode.